मध्यकालीन कविता का पाठ
(1)

सम्पादक
प्रो. डॉ. त्रिभुवन नाथ शुक्ल, डी. लिट्
एम.ए. (हिंदी), एम.ए. (भाषाविज्ञान)
साहित्याचार्य
प्राक्तन, आचार्य एवं अध्यक्ष, हिन्दी एवं भाषाविज्ञान विभाग,
रानी दुर्गावती विश्वविद्यालय, जबलपुर

वाणी प्रकाशन
प्रकाशन के उत्कृष्टतम 62 वर्ष

बीसवाँ संस्करण (वाणी) : 2025

vaniprakashan.com

वाणी प्रकाशन

4695, 21-ए, दरियागंज, नयी दिल्ली-110 002

फ़ोन : + 91 11 23273167, 23275710

शाखाएँ

अशोक राजपथ, पटना-800 004, बिहार

कॉफ़ी हाउस कैम्पस, महात्मा गांधी मार्ग, प्रयागराज-211 001, उत्तर प्रदेश

महात्मा गांधी अन्तरराष्ट्रीय हिन्दी विश्वविद्यालय, वर्धा-442 001, महाराष्ट्र

sales@vaniprakashan.in
vaniprakashan@gmail.com

Madhyakaleen Kavita Ka Path
by Prof. Dr. Tribhuvan Nath Shukla

ISBN : 978-93-6287-492-4

मूल्य : ₹ 295

जी.एस. ऑफ़सेट, दिल्ली-110 095 में मुद्रित

वाणी प्रकाशन का लोगो मक़बूल फ़िदा हुसैन की कूची से

प्रिय चिरंजीवी
वेदांत शुक्ल
के लिए

वाणी संस्करण की भूमिका

'मध्यकालीन कविता का पाठ' का यह बीसवाँ संस्करण है। आज भी यह कृति भारत के अनेक विश्वविद्यालयों के पाठ्यक्रम में समादृत है। वाणी प्रकाशन ने इसके प्रकाशन का दायित्व लेने की इच्छा व्यक्त की है। मैं उनकी इस बलवती स्पृहा का सम्मान करता हूँ। मेरी दृष्टि में पुस्तक की सबसे बड़ी विशेषता इसकी पाठगत शुद्धता और उसका परिशुद्ध भाष्य है। मुझे पूर्ण विश्वास है कि यह पुस्तक आगे भी अपनी शैक्षणिक उपयोगिता बनाये रखेगी।

—प्रो. त्रिभुवन नाथ शुक्ल

प्रयागराज
7 मई 2025
आपरेशन सिंदूर

आमुख

मध्यकालीन कवियों को लेकर इधर कई सवाल खड़े किये जा रहे हैं। कुछ एक आधुनिकतावादियों का तो यहाँ तक कहना है कि मध्यकाल अब अप्रासंगिक हो चुका है। ऐसी स्थिति में पाठ्यक्रमों में मध्यकालीन काव्य की स्थिति संदिग्ध करार कर दी जाती है। मगर वस्तुस्थिति इससे एकदम भिन्न है। वैश्विक क्षितिज पर जब हिन्दी कविता के पहचान की बात की जाती है तो मध्यकालीन कविता ही है जो वैश्विक काव्य-चेतना में अपनी पृथक अस्मिता बनाये हुए है। आधुनिक हिन्दी कविता तो वह 'अपनी पहचान' करा पाने में कदापि सक्षम नहीं है। मध्यकालीन कविता का बहुलांश आज भी अपनी खास पहचान बनाये हुए हैं। कारण कि कृतिकार की सामाजिक चेतना कभी बसियाती नहीं।

इस रूप में मध्यकाल आज भी हमें चेतना प्रदान करने में सक्षम है। इस संदर्भ में यह कहना अत्युक्ति न होगी कि आज हम चाहे जितने प्रगतिवादी क्यों न बन लें, कितने ही वैज्ञानिक अथवा अत्याधुनिक युग का मानव अपने को क्यों न (आत्मतुष्टि हेतु) कह लें, फिर भी हम मध्ययुग में ही जी रहे हैं। हमारे संस्कार और आदर्श मध्ययुगीन ही हैं। ये मध्ययुगीन आदर्श और संस्कार भले ही पूर्व युग के क्यों न हों, फिर भी हमें दिशाबोध और युगबोध कराने में पूर्ण सक्षम हैं। अस्तु, इन्हें विस्मृत कर देने पर हमें अपनी पहचान करा पाने का खतरा उत्पन्न हो सकता है। हमारे अस्तित्व और अस्मिता पर संदिग्धता की मुहर लग सकती है। ऐसी स्थिति में हमें मध्ययुगीन साहित्य के अन्तर्गत प्राप्त जीवन मूल्यों को बड़ी सजगता के साथ सहजता होगा। हमारे कहने का तात्पर्य यह नहीं कि हम मध्ययुग के उन जीवन-मूल्यों को भी अपना लें, जो आज अपना मूल्य खो चुके हैं, अपितु उनसे है जो आज भी हमें दीपित करने की ऊष्मा रखते हैं।

प्रस्तुत संग्रह प्रामाणिक पाठों के आधार पर तैयार किया गया है। 'मध्यकालीन कविता का पाठ' यदि अध्यताओं के लिये उपयोगी सिद्ध हो सका तो मैं अपना श्रम सार्थक समझूंगा।

मेरे प्रत्येक सारस्वत कार्य में सरस्वती की धारा की भाँति जिनकी अनिर्दिष्ट सत्परामर्श संनिहित रहता है ऐसे सामान्य गुरुवर **डॉ० महाबीर सरन जैन** के प्रति कृतज्ञता ज्ञापित करने के लिए मेरे शब्द अट नहीं पाते।

इसकी प्रेस कापी तैयार करने में मेरे विभागीय सहयोगी एवं मित्र डॉ० **सत्यनारायण प्रसाद** ने जो सहयोग प्रदान किया है उसके लिए मैं उनका हृदय से आभारी हूँ।

—त्रिभुवन नाथ शुक्ल

विषय-सूची

भाषा टिप्पणी

कबीरदास

सबद

१

दुलहनीं गावहु मंगलचार।
हम घरि आये हो राजा राम भरतार॥
तन रत करि मैं मन रत करिहूँ पंचतत बराती।
रामदेव मौरै पांहुने आये, मैं जोबन मैं माती॥
सरीर सरोवर बेदी करिहूँ, ब्रह्मा बेद उचार।
रामदेव संगि भंवरि लैहूँ, धंनि धंनि भाग हमार।
सुर तेतीसूँ कौतिग आये, मुनिवर सहस अठ्यासी।
कहैं कबीर हंम ब्याहि चले हैं, पुरिष एक अविनासी॥

२

एक अचंभा देखो रे भाई, ठाढ़ा सिंघ चरावै गाई।
पहलैं पूत पीछै भई माइ, चेला के गुर लागै पाइ॥
जल की मछली तरवर ब्याई, पकड़ि बिलाई मुरगै खाई।
बैलहि डारि गूंनि घरि आई, कुत्ता कूं लै गई बिलाई॥
तलि करि साषा ऊपरि करि मूल, बहुत भाँति जड़ लागे फूल।
कहै कबीर या पद कौं बूझै, ताकूं तीन्यूं त्रिभुवन सूझै॥

३

चरषा जिनि जरै।
कातौंगी हजरी का सूत, नणद के भइया की सौं॥
जलि जाई थलि ऊपजी आई नगर मैं आप।
एक अचंभा देखिया, बिटिया जायौ बाप॥

बाबल मेरा ब्याह करि, बर मुउत्यम ले चाहि।
जब लग बर पावै नहीं, तब लग तूं हीं ब्याहि॥
सुबधी कै घरि लुबधि आयौ, आन बहू कै भाइ।
चूल्है अगनि बताइ करि, फल सौं दीयौ ठठाइ।
सब जगही मरि जाइयौ, एक बढ़इया जिनि मरै।
सब राँडनि कौ साथ, चरषा को घरै॥
कहै कबीर सो पंडित ग्याता, जो या पदहि बिचारै।
पहलैं परचै गुरु मिलै, तो पीछैं सतगुर तारै॥

४

मन रे जागत रहिये भाई।
गाफिल होइ यसत मति खोवै, चोर मुसै घर जाई।
षट चक्र की कनक कोठड़ी, बस्त भाव है सोई।
ताला कुंची कुलफ के लागे, उघड़ग बार न होई॥
पंच पहरवा सोइ गये हैं, बसतैं जागण लागी।
जुरा मरण व्यापै कुछ नांहीं, गगन मंडल लै लागी॥
करत विचार मनहीं मन उपजी, नाँ कहीं गया न आया।
कहै कबीर संसार सब छूटाः राँम रतन धन पाया॥

५

अपनैं में रंगि आपनपौं जानूं।
जिहि रंगि जांनि ताही कूं मांनूं॥ १॥
अभि अंतरि मन रंग समानां, लोग कहैं कबीर बौरानां।
रंग न चीन्हैं मूरखि लोई, जिहि रँगि रंग रह्या सब कोई।
जे रंग कबहूँ न आवै न जाई, कहै कबीर तिहि रह्या समाई॥ २ ॥
चौंसठि दीवा जोइ करि, चौदह चंदा माँहि।
तिहिं धरि किसकौ चानिणौं, जिहि घरि गोबिंद नांहि॥ ३॥
सतगुर मिल्या तका भया, जे मन पाड़ी भोल।
पासि बिनंठा कप्पड़ा, क्या करै बिचारी चोल॥ ७॥

चौपड़ि माांड़ी चौहटै, अरध उरध बाजार।
कहै कबीरा राम जन, खेलौ संत विचार॥ ८॥

सुमिरणकौ अंग

भगति भजन हरि नाँव है, दूजा दुक्ख अपार।
मनसा बाचा कर्मनां, कबीर सुमिरण सार॥ ९॥
कबीर सुमिरण सार है, और सकल जंजाल।
आदि अंति सब सोधिया, दूजा देख्रौं काल॥ १०॥
पंच संगी पिव-पिव करै, छठा जु सुमिरे मंन।
आई सूति कबीर की, पाया राम रतंन॥ ११॥
मेरा मन सुमिरै राम कूं, मेरा मन रामहिं आदि।
अब मन रामहिं है रह्या सीस नवावौं काहि॥ १२॥
तूं तूं करता तूं भया मुझ मैं रही न हूँ।
बारी तेरे नाउं परि, जित देखौं तित तूं॥ १३॥
कबीर सूता क्या करै, उठि न रोवै दुक्ख।
जाका बासा मोर मैं सो क्यूं सोवै सुक्ख॥ १४॥
राम पियारा छाँड़ि करि, करै आन का जाप।
बेस्वां केरा पूत ज्यूं कहै कौन सूँ बाप॥ १५॥
लंबा मारग दूरि घर, बिकट पंथ बहु मार।
कहौ संतौ क्यूं पाइये, दुर्लभ हरि-दीदार॥ १६॥
कबीर चित चमंकिया, चहूँ दिसि लागी लाइ।
हरि सुमिरण हाथूं घड़ा, बेगे लेहु बुझाइ॥ १७॥

विरह कौ अंग

अंबर कुंजा कुरलियाँ, गरजि भरे सब ताल।
जिनि थै गोबिंद बीछुटे, तिनके कौण हवाल॥ १८॥
बासुरि सुख नां रैंणिं सुख, नां सुख सुहिनै माहिं।
कबीर बिछुट्या राम सूं, नाँ सुख धूप न छाँह॥ १९॥
मूवाँ पीछैं जिन मिलै, कहै कबीरा राम।
पाथर घाटा लोह सब, (तब) पारस कौणें काम॥ २०॥

यहु तन जालौं मसि करूँ, ज्यूं धूवां जाइ सरग्गि।
मति वै राम दया करै, बरसि बुझावै अग्नि॥ २१॥
जिहि सरि मारी काल्हि, सो सर मेरे मन बस्या।
तिहि सरि अजहूँ मारि, सर बिन सच पाऊँ नहीं॥ २२॥
बिरह भुवंगम तन बसै, मंत्र न लागै कोइ।
राम वियोगी ना जिवै जिवै तो बौरा होइ॥ २३॥
सब रँग तंत, रबाब तन, बिरह बजावै नित्त।
और न कोई सुणि सकै, कै साईं कै चित्त॥ २४॥
अंषड़ियाँ झाँई पड़ी, पंथ निहारि निहारि।
जीभड़ियाँ छाला पड़्या, राम पुकारि पुकारि॥ २५॥
इस तन का दीवा करौं, बाती मेल्यूं जीव।
लोही सींचौ तेल ज्यूं, कब मुख देखौ पीव॥ २६॥
कै विरहणि कूं मीच दे, कै आपा दिखलाइ।
आठ पहर का दाझणां, मोपैं सह्या न जाइ॥ २७॥

ग्यान विरह कौ अंग

हिरदा भीतरि दौं बलै, धूवां न प्रगट होइ।
जाकै लागी सौ लखै, कै जिहि लाई सोइ॥ २८॥
आगनि जु लागी नीर मैं, कंदू जलिया झारि।
उत्तर दषिण के पंडिता, रहे विचारि विचारि॥ २९॥
अहेड़ी दौं लाइया, मृग पुकारे रोइ।
जा बन में क्रीला करी, दाझत है बन सोइ॥ ३०॥
समंदर लागी आगि नदियां जलि कोयला भई।
देखि कबीरा जागि मंछी रूषा चढ़ि गई॥ ३१॥

परचा कौ अंग

हदे छाड़ि बेहदि गया, हुवा निरंतर बास।
कबल ज फूल्या फूल बिन, को निरषै निज दास॥ ३२॥
सायर नाहीं सीप बिन, स्वाँति बूंद भी नांहिं।
कबीर मोती नीपजैं, सुन्नि सिषर गढ़ मांहिं॥ ३३॥

घट माँहैं औघट लह्या, औघट मांहै घाट।
कहि कबीर परचा भया, गुरू दिखाई बाट॥ ३४॥
पाणी ही तैं हिम भया, हिम ह्वै गया बिलाइ।
जो कुछ था सोई भया, अब कछु कह्या न जाइ॥ ३५॥
सुरति समांणी निरति मैं, अजपा मांहैं जाप।
लेख समांणा अलेख मैं यूं आपा मांहैं आप॥ ३६॥
मान सरोवर सुभर जल, हंसा केलि कराहिं।
मुकताहल मुकता चुगैं अब उड़ि अनत न जाहिं॥ ३७॥
गगन गरजि अमृत चबै, कदली कवल प्रकास।
तहाँ कबीरा बंदिगी, कै कोई निज दास॥ ३८॥
आकासे मुखि औंधा कुवाँ, पाताले पनिहारि।
ताका पांणी को हंसा पीवै बिरला आदि बिचारि॥ ३९॥

रस कौ अंग

राम रसाइन प्रेम रस, पीवत अधिक रसाल।
कबीर पीवण दुलभ है, मांगै सीस कलाल॥ ४०॥
कबीर भाठी कलाल की, बहुतक बैठे आइ।
सिर सौंपें सोई पिवै, नहीं तौ पिया न जाइ॥ ४१॥
जिहि सर घड़ा न डूबता, अब मैंगल मनि न्हाइ।
देवलि बूड़ा कलस सूं, पंषि तिसाई जाइ॥ ४२॥
सबै रसांइण मैं किया, हरि सा और न कोइ।
तिल इक घट मैं संचरै, तौ सब तन कंचन होइ॥ ४३॥

लांबि कौ अंग

हेरत हेरत हे सखी, रह्या कबीर हिराइ।
बूंद समानी समंद मैं, सो कत हेरी जाइ॥ ४४॥
हेरत हेरत हे सखी, रह्या कबीर हिराइ।
समंद समाना बूँद मैं, सो कत हेर्या जाइ॥ ४५॥

जर्णां कौ अंग

भारी कहौं त बहु डरौं, हलका कहूँ तौ झूठ।
मैं का जाँणों राम कूँ, नैनूं कबहुं न दीठ॥ ४६॥

दीठा है तौ कस कहूँ, कह्याँ न को पतियाइ।
हरि जैसा है तैसा रहो, तूं हरिषि हरिषि गुण गाइ॥ ४७॥

लै कौ अंग

सुरति ढीकुलो, लेज ल्यौ, मन नित ढोलन हार।
कवल कुवाँ मैं प्रेम रस, पीवै बारंबार॥ ४८॥
गंग जमुन उर अंतरै, सहज सुंनि ल्यौ घाट।
तहाँ कबीर मठ रच्या, मुनि जन जोवैं बाट॥ ४९॥

निहकर्मी पतिव्रता कौ अंग

कबीर रेख स्यंदूर की काजल दिया न जाइ।
नैनूं रमाइया रमि रह्या, दूजा कहाँ समाइ॥ ५०॥

●

सूरदास

भ्रमर-गीत-सार

श्रीकृष्ण का वचन उद्धव-प्रति

राग सारंग

पहिले करि परनाम नंद सों समाचार सब दीजो।
औ वहाँ बृषभानु गोप सों जाय सकल सधि लीजो॥
श्रीदामा आदिक सब ग्वालन मेरे हुतो भेंटियो।
सुख-संदेस सुनाय हमारो गोपिन को दुख मेटियो।
मंत्री इक बन बसत हमारो ताहि मिले सचु पाइयो।
सावधान ह्वै मेरे हूतो ताही माथ नवाइयो॥
सुंदर परम किसोर वयक्रम चंचल नयन बिसाल।
कर मुरली सिर मोरपंख पीतांबर उर बनमाल॥
जनि डरियो तुम सघन बनन में ब्रजदेवी रखवार।
बृन्दावन सो बसत निरंतर कबहुँ न हो नियार॥
उद्धव प्रति सब कही स्यामजु अपने मन की प्रीति।
सूरदास किरपा करि पउए यहै सकल ब्रजरीति॥ १॥

राग सोरठ

कहियो नंद कठोर भए।
हम दोउ बीरैं डारि पर-घरै मानो थाती सौपि गए॥
तनक-तनक तैं पालि बड़े किए बहुतै सुख दिखराए।
गोचारन को चलत हमारे पाछे कोसक धाए।
ये बसुदेव देवकी हमसों कहत आपने जाए।

बहुरि विधाता जसुमतिजू के हमहिं न गोद खिलाए॥
कौन काज यह राज, नगर को सब सुख सों सुख पाए?
सूरदास ब्रज़ समाधान करु आजु काल्हि हम आए॥ २॥

राग विलावल

तबहिं उपंगसुत आय गए।
सखा सखा कछु अंतर नाहीं भरि-भरि अंक लए॥
अति सुंदर तन स्याम खरीखो देखत हरि पछिताने।
ऐसे को वैसी बुधि होती ब्रज पठवैं तब आने॥
या आगे रस-काव्य प्रकासे जोग-बचन प्रगटावै।
सूर ज्ञान दृढ़ याके हिरदय जुवतिन जोख सीखावै॥ ३॥

हरि गोकुल की प्रीति चलाई।
सुनहू उपँगसुत मोहिं न बिसरस ब्रजवासी सुखदाई॥
यह चित्त होत जाउँ मैं अबही, यहाँ नहीं मन लागत।
गोप सुग्वाल गाय बन चारत अति दुख पायो त्यागत॥
कहँ माखन-चोरी? कह जसुमति 'पुत जेंव' करि प्रेम।
सूर स्याम के बचन सहित सुनि व्यापत आपन नेम॥ ४॥

राग रामकली

जदुपति लख्यो तेहि मुसकात।
कहत हम मन रही जोइ सोइ भई यह बात॥
बचन परगट करन लागे प्रेम-कथा चलाय।
सुनहु उद्धव मोहिं ब्रज की सुधि नहीं बिसराय॥
रैनि सोवत, चलत, जागत लगत नहिं मन आन।
नंद जसुमति नारि नर ब्रज जहाँ मेरो प्रान॥
कहत हरि, सुन उपंगसुत! यह कहत ही रसरीति।
सूर चित तें टरति नाहीं राधिका की प्रीति॥ ५॥

राग सारंग

सखा? सुनो मेरी इक बात।
यह लतागन सङ्ग गोपन सुधि करत पछितात॥
कहाँ वह वृषभानुतनया परम सुंदर गात।

सुरति आए रासरस की अधिक जिय अकुलात॥
सदा हित यह रहत नाहीं सकल मिथ्या-जात।
सूर प्रभु यह सुनौ मोसों एक ही सों नात॥ ६॥

राग टोड़ी

उद्धव! यह मन निस्चय जानो।
मन क्रम बच मैं तुम्हैं पठावह ब्रज को तुरत पलानो॥
पूरन ब्रह्म, सकल अबिनासी ताके तुम हौ ज्ञाता।
रेख, न रूप, जाति, कुल नाहीं जाके नहिं पितु माता॥
यह मत दै गोपिन कहँ आवहु बिरह नदी में भासति।
सूर तुरत यह जाय कहौ तुम ब्रह्म बिना नहिं आसति॥ ७॥

राग नट

उद्धव! बेग ही ब्रज जाहु।
सुरति सँदेस सुनाय मेटो बल्लभिन को दाहु॥
काम पावक तूलमय तन बिरह-स्वास समीर।
भसम नाहिंन होन पावत लोचनन के नीर॥
अजौं लौं यहि भाँति ह्वै है कछुक सजग शरीर।
इते पर बिनु समाधाने क्यों धरै तिय धीर॥
कहौं कहा ब्रनाय तुमसों सुखा साधु प्रबीन?
सूर सुमति बिचारिए क्यों जियैं जल बिनु मीन॥ ८॥

राग सारंग

पथिक! सदेसों कहियो जाय।
आवैंगे हम दोनों भैया, मैया जनि अकुलाय॥
याको बिलगु बहुत हम मान्यो जो कहि पठयो धाय।
कहँ लौं कीर्ति मानिए तुम्हरी बड़ो कियो पय प्याय॥
कहियो जाय नन्दबाबा सों, अरु गहि पकरयो पाय।
दोऊ दुखी होन नहिं पावहि धूमरि धौरी गाय॥
यद्यपि मथुरा विभव बहुत है तुम बिनु कछु न सुहाय।
सूरदास ब्रजबासी लोगनि भेंटत हृदय जुड़ाय॥ ९॥

नीके रहियो जसुमति मैया।
आवैंगे दिन चारि पाँच में हम हलधर दोउ भैया।
जा दिन तें हम तुमतें बिछुरे काहु न कह्यो 'कन्हैया'।
कबहूँ प्रात न कियो कलेवा, साँझ न पीन्हीं घैया॥
बंसी बेनु सँभारि राखियो और अबेर सबेरो।
मति लै जाय चुराय राधिका कछुक खिलौनो मेरो॥
कहियो जाय नन्दबाबा सों निपट निठुर जिय कीन्हो।
सूर स्याम पहुँचाय मधुपुरी बहुरि सँदेस न लीन्हो॥ १०॥

राग कल्याण

उद्धव मन अभिलाष बढ़ायो।
जदुपति जोग जानि जियं साँचो नयन अकास चढ़ायो॥
नारिन पै मोंको पठवत हौ कहत सिखावन जोग।
मनहीं मन अब करत प्रशंसा है मिथ्या सुख-भोग॥
आयसु मानि लियो सिर ऊपर प्रभु-आज्ञा परमान।
सूरदास प्रभु पठवत गोकुल मैं क्यौं कहौं कि आन॥ ११॥

उद्धव प्रति कुब्जा के वाक्य

राग सारंग

सुनियो एक संदेसो ऊधो तुम गोकुल को जात।
ता पाछे तुम कहियो उनसों एक हमारी बात।
मात-पिता को हेत जानि कै कान्ह मधुपुरी आए।
नाहिंन स्याम तिहारे प्रीतम, न जसुदा के जाए॥
समुझौ बूझौ अपने मन में तुम जो कहा भलो कीन्हो।
कह बालक, तुम मत्त ग्वालिनी सवै आप बस कीन्हो॥
और जसीदा माखन-काजै बहुतक त्रास दिखाई।
तुमहिं सबै मिलि दाँवरि दीन्हीं रच दया नहिं आई॥
अरु वृषभानसुता जो कीन्ही सो तुम सब जिय जानो।
याही लाज तजी ब्रज मोहन अब काहे दुख मानो?

सूरदास यह सुनि सुनि बातें स्याम रहे सिर नाई।
इत कुब्जा उत प्रेम ग्वालिनी कहत न कछु बनि आई॥ १२॥

उद्धव का ब्रज में आना

राग मलार

कोऊ आवत है तन स्याम।
वैसेइ पट, बैसिय रथ-बैठनि, वैसिय है उर दाम॥
जैसी हुति उठि तैसिय दौरीं छाँड़ि सकल गृह-काम।
रोम पुलक, गदगद भई तिहि छन सोचि अंग अभिराम॥
इतनी कहत आथ गए ऊधो, रहो ठगी तिहि ठाम।
सूरदास प्रभु ह्याँ क्यों आवैं दँधे कुब्जा-रस स्याम॥ १३॥

उद्धव का ब्रज में दिखाई पड़ना

राग मलार

है कोई वैसीई अनुहारि।
मधुबन तें इत आवत, सखि री! चितौ तु नयन निहारि॥
माथे मुकुट, मनोहर कुंडल, पीत बसन रुचिकारि।
रथ पर बैठि कहत सारथि सों ब्रज तन बाँह पसारि॥
जानति नाहिन पहिचानति हौं मनु बीते जुग चारि।
सूरदास स्वामी के बिछुरे जैसे मीन बिनु बारि॥ १४॥

राग सोरठ

देखो नदद्वार रथ ठाढ़ो।
बहुरि सखी सुफलकसुत आयो परयो सँदेह उर गाढ़ो॥
प्रान हमारे तबहिं गयो लै अब केहि कारन आयो।
जानति हौं अनुमान सखी री! कृपा करन उठि धायो॥
इतने अंतर आय उपंगसुत तेहि छन दरसन दीन्हो।
तब पहिचानि सखा हरिजू को परम सुचित तन कीन्हो॥
तब परनाम कियो अति रुचि सों और सबहि कर जीरे।
सुनियत रहे तैसेई देखे परम चतुर मति-भौरे॥

तुम्हरो दरसन पाय आपनो जन्म सफल करि जान्यो।
सूर ऊधो सों मिलत भयो सुख ज्यों झख पायो पान्यो॥ १५॥

कहौ कहाँ तें आए हौ।
जानति हौं अनुमान मनो तुम जादवनाथ पठाए हो॥
वेसोई बरन, बसन पुनि वैसेइ, तन भूषन सजि ल्याए हौ।
सरबसु लै तब संग सिधारे अब का पर पहिराए हौ॥
सुनहु, मधुप! एकै मन सबको सो तो वहाँ ले छाए हौ।
मधुबन की मानिनी मनोहर तहँहिं जाहु जहँ भाए हौ॥
अब यह कौन सयानप? ब्रज पर का कारन उठि धाए हौ।
सूर जहाँ लौं स्यामगात हैं जानि भले करि पाए हौ॥ १६॥

राग नट

ऊधो को उपदेस सुनौ किन कान दै?
सुँदर स्याम सुजान पठायो मान दै॥ ध्रुव॥
कोउ आयो उत तायँ जितै नँदसुवन सिधारे।
वहै बेनु-धुनि होय मनो आए नंदप्यारे॥
धाईं सब गलगाजि कै ऊधो देखे जाय।
लै आईं ब्रजराज पै हो, आनँद उर न समाय॥
अरघ आरती, तिलक, दूब, दधि माथे दीन्ही।
कंचन-कलस भराय आनि परिकरमा कीन्हीं॥
गोप-भीर आँगन भई मिलि बैठे यादवजात।
जलझारी आगे धरी, हो, बूझति हरि-कुसलात॥
कुसल छेम बसुदेव, कुसल देवी कुबजाऊ।
कुसल-छेम अक्रूर, कुसल नीके बलदाऊ॥
पूछि कुसल गोपाल की रहीं सकल गति पाय।
प्रेम-मगन ऊधो भए, हों, देखत ब्रज को भाय॥
मन मन ऊधो कहै यह न बूझिय गोपालहि।
ब्रज को हेतु विसारि जोग सिखवत ब्रजबालहि॥

पाती बाँचि न आवई रहे नयन जल पूरि।
देखि प्रेम गोपीन को, हो, ज्ञान-गरब गयो दूरि॥
तब इत बहराय नीर नयनन में सोख्यो।
ठानी कथा प्रबोध बोलि सब मुरू समोख्यो॥
जो ब्रत मुनिवर ध्यावहीं पर पावहिं नहिं पार।
सो ब्रत सीखो गोपिका, हो, छाँड़ि विषय-विस्तार॥
सुनि ऊधो के बचन रहीं नीचे करि तारे।
मनो सुधा सों सींचि आनि विषज्वाला जारे॥
हम अबला कह जानहीं जोग जुगुति की रीति।
नंदनंदन ब्रत छाँड़ि कै, हो, को लिखि पूजै भीति?
अबिगत, अगह, अपार, आदि अवगत है सोई।
आदि निरंजन नाम ताहि रंजै सब कोई॥
नैन नासिका-अग्र है तहां ब्रह्म का बास।
अबिनासी बिनसै नहीं, हो, सहज ज्योति-परकास॥
घर लागै औधूरि कहे मन कहा बँधावै।
अपनी धर परिहरे कहो को घरहि बतावै?
मूरख जादवजात हैं हमहिं सिखावत जोग।
हमको भूली कहत हैं,. हो, हम भूली किधौं लोग?
गोपिहु ते भयो अंध ताहि दुहूँ लोचन ऐसे!
ज्ञाननन जो अध ताहि सूझै धौं कैसे?
बूझै निगम बोलाइ कै, कहै बेद समुझाय।
आदि अंत जाके नहीं, हाँ, कौन पिता को माय?
चरन नहीं, भुज नहीं, कहौ, ऊखल किन बाँधो?
नैन नासिका मुख नहीं चोरि दधि कौने खाँधो?
कौन खिलाया गोद में, किन कहे तोतवे बैन?
ऊधौ ताको न्याव है, हो, जाहि न सुझै नैन॥
हम बूझति सतभाव न्याव तुम्हारे मुख साँची।
प्रेम-नेम रसकथा कहौ कंचन की काँचो॥

जो कोउ पावै सीस दै ताको कीजै नेम।
मधुप हमारी सौं कहौ, हो जोग भली किधौ प्रेम॥
प्रेम प्रेम सों होय प्रेम सों पारहि जैए।
प्रेम बँध्यो संसार, प्रेम परमारथ पैए।
एकै निहचै प्रेम को जीवन-मुक्ति रसाल।
साँची निहकै प्रेम को, हो, जो मिलिहैं नँदलाल॥
सुनि गोपिन को प्रेम नेम ऊधो को भूल्यो।
गावत गुन-गोपाल फिरत कुंजन में फूल्यो॥
छन गोपिन के पग फरै, धन्य तिहारो नेम।
धाय धाय द्रुत भेंटहीं, हो, ऊधो छाके प्रेम॥
धनि गोपी, धनि गोप, वग्य सुरभी बनचारी।
धन्य धन्य! सो भूमि जहाँ बिहरे बनवारी॥
उपदेसन आयो हुतो मोहिं भयी उपदेस।
ऊधो जदुपति पै गए, हो, किए गोप को बेस॥
भूल्यो, जदुपति नाम, कहत गोपाल गोसाँई।
एक बार ब्रज जाँहु देहु गोपिन दिखराई॥
गोकुल को सुख छाँड़ि कै कहाँ बसे हौ आव।
कृपावंत हरि जानि कै, हो, ऊधो पकरे पाय॥
देखत ब्रज को प्रेम नेम कछु नाहिं भावै।
उमड़यो नयननि नीर बात कछु कह न आवै॥
सूर स्याम भूतल गिरे, रहे नयन जल छाय।
पोंछि पीतपट सों कह्यौ, 'आए जोग सिखाय'?॥ १७॥

राग धनाश्री

हमसों कहत कौन की बातें?
सुनि ऊधो! हम समुझत नाहीं फिरि पूँछति हैं तातें॥
को नृप भयो कंस किन मारयो को बसुद्यौ-सुत आहि?
यहाँ हमारे परम मनोहर जीजतु है मुख चाहि॥

दिन प्रति जात सहज गोचारन गोप सखा लै संग।
बासरगत रजनीमुख आवत करंत नयन गति पंग॥
को ब्यापक पूरन अविनासी, को विधि-बेद-अपार?
सूर बृथा बकवाद करत हौ या ब्रज नन्दकुमार॥ १८॥

राग सारंग

तू अलि! कासों कहत बनाय?
बिन समुझे हम फिरि बूझतिहैं एक बार कहौ गाय॥
किन वै गवन कीन्हों सकटनि चढ़ि सुफलकसुत कै संग।
किन वै रजक लुटाइ बिबिध पट पहिरे अपने अंग?
किन हति चाप निदरि गज मारयो किन वै मल्ल मथि जाने?
उग्रसेन बसुदेव देवकी किन वै निगड़ हटि भाने?
तू काकी है करत प्रसंसा, कौने घोष पठायो?
किन मातुल बधि लयो जगत जस कौन मधपुरी छायो?
माथे मोरमुकुट बनगुजा, मुख मुरली-धुनि बाजै।
सूरजदास जसोदानन्दन गोकुल कह न बिराजै॥ १९॥

राम सारंग

हम तो नन्दघोष की बासी।
नाम गोपाल, जाति कुल गोपहि, गोप गोपाल-उपासी॥
गिरिवरधारी गोधनचारी, वृन्दावन अभिलासी।
राजा नन्द, जसोदा रानी, जलधि नदी जमुना सी॥
प्रान हमारे परम मनोहर कमलनयन सुखरासी।
सूरदास प्रभु कहौं कहाँ लौं अष्ट महासिधि दासी॥ २०॥

राग केदार

गोकुल सबै गोकुल-उपासी।
जोग-अंग साधत जे ऊधो ते सब बसत ईसपुर कासी॥
यद्यपि हरि हम तजि अनाथ करि तदपि रहति चरननि रसरासी।
अपनी सीतलताहि न छाँड़त यद्यपि है ससि राहु गरासी॥
का अपराध जोग लिखि पठवत प्रेमभजन तजि करत उदासी।
सूरदास ऐसी को विरहिन माँगति मुक्ति तजे गुनरासी?॥ २१॥

राग धनाश्री

जीवन मँहचाही को नीको
दरस परस दिनरात करति है कान्ह पियारे पी को॥
नयनन मूँदि मूँदि किन देखौ बँध्यो ज्ञान पोथी को।
आछे सुन्दर स्याम मनोहर और जगत सब फीको॥
सुनौ जोग को का लै कीजै जहाँ ज्यान है जी को?
खाटी मही नहीं रुचि मानै सूर सवैया घी को॥ २२॥

राग काफी

आयो घोष बड़ो व्योपारी।
लादि खेप गुन ज्ञान-जोग की ब्रज में आय उतारी॥
फाटक दै कर हाटक मांगत भौरै निपट सुधारी।
धुर ही ते खोटो खायो है लये फिरत सिर भारी॥
इनके कहे कौन डहकावै ऐसी कौन अजानी?
अपनी दूध छांड़ि को पीवै खार कूप को पानी॥
ऊधो जाहु सवार यहाँ तें बेगि गहरु जनि लावौ।
मुँह मांग्यो पैहौ सूरज प्रभु साहुहि आनि दिखावौ॥ २३॥
जोग ठगौरी ब्रज न बिकैहै।
यह व्योपार तिहारो ऊधो! ऐसोई फिरि जैहै॥
आपै लै आए हौ मधुकर ताके उर न समैहै।
दाख छाँड़ि के कटुक निबौरी को अपने मुख खैहै?
मूरी के पांतन के केना को मुक्ताहल दैहै।
सूरदास प्रभु गुनहि, छांड़ि के को निर्गुन निरबैहै॥ २४॥

राग नट

आए जोग सिखावन पांड़े।
परमारथी पुराननि लादे ज्यों बनजारे टांड़े॥
हमरी गति पति कमलनयन की जोग सिखै ते रांड़े।
कहौ, मधुप, केसे समायँगे एक म्यान दो खांड़े॥
कहु षटपद, केसे खैयतु है हाथिन के संग गांड़े।

काको भूख गई बयारि भखि बिना दूध घृत मांड़े।
काहे का झाला लै मिलबत, कौन चोर तु डांड़े।
सूरदास तीनों नहिं उपजत धनिया धान कुम्हाड़े॥ २५॥

राग विलावल

ए अलि! कहा जोग में नीको?
तजि रसगीति नंदनंदन की सिखवत निर्गुन फीको॥
दैखत सुनत नाहिं कछु स्रवननि, ज्योति-ज्योति करि ध्यावत।
सुंदरस्याम दयालु कृपानिधि केसे हौ बिसरावत?
सुनि रसाल मुरली-सुर की धुनि सोई कौतुक रस भूलैं।
अपनी भुजा ग्रीव पर मेलैं गोपिन के सुख फूलैं॥
लोककानि-कुल को भ्रम प्रभु मिलि-मिलि के घर बन खेली।
अब तुम सूर खवावन आए जोग जहर की बेली॥ २६॥

राग मलार

हमरे कौन जोग ब्रत साधै?
मृगत्वच, भस्म अधारि, जटा को को इतना अवराधै?
जाकी कहूँ थाह नहिं पैए अगम, अपार, अगाधै।
गिरिधर लाल छबीले मुख पर इते बाँध को बांधै?
आसन पवन विभूति मृगछाला ध्यानि को अवराधै?
सूरदास मानिक परिहरि के राख गांठि को बांधै?॥ २७॥

राग धनाश्री

हम तो दुहूँ भांति फल पायो।
को ब्रजनाथ मिलैं तो नीको, नातरु जग जस गायो॥
कहँ वै गोकुल की गोपी सब बरनहीन लघुजाती।
कह वै कमला के स्वामी संग मिलि बैठी इक पाँती॥
निगमध्यान सुनिज्ञान अगोचर, ते भए घोषनिवासी।
ता ऊपर अब सांच कहो धौं मुक्ति कौन की दासी?
जोग-कथा, पा लागों ऊधो, ना कहु बारबार।
सूर स्याम तजि और भजे जो ताकी जनना छार॥ २८॥

राग कान्हरो

पूरनता इन नयनन पूरी।
तुम जो कहत श्रवननि सुनि समुझत, याही दुख मरति विसूरी॥
हरि अंतर्यामी सब जानत बुद्धि बिचारत वचन समूरी।
वै रस रूप रतन सागर निधि क्यों मनि पाय खवावत धूरी॥
रहु रे कुटिल, चपल, मधुलपट, कितव संदेस कहत कटु कूरी।
कहँ मुनिध्यान कहां ब्रजयुवति! कैसे जात कुलिस करि चूरी॥
देखु प्रगट सरिता, सर सीतल सुभग स्वाद रुचि रूरी।
सूर स्वातिजल बसै जिय चातक चित लागत सब झूरी॥ २९॥

राग धनाश्री

हमते हरि कबहूँ न उदास।
राति खवाय पिवाय अधररस सो क्यों बिसरत ब्रज को बास॥
तुमसों प्रेम कथा को कहियो मनहुँ काटिबो घास।
बहिरो तान-स्वाद कह जानै, गूँगो बात मिठास॥
सुनु री सखी बहुरि फिरि ऐहैं वे सुख बिबिध बिलास।
सूरदास ऊधो अब हमको भयो तेरहों मास॥ ३०॥

तेरो बुरो न कोऊ मानै।
रस की बात मधुप नीरस, सुनु रसिक होत सो जानै॥
दादुर बसै निकट कमलन के जन्म न रस पहिचानै।
अलि अनुराग उड़न मन बाँध्यो कहे सुनत नहि कानै॥
सरिता चलै मिलन सागर को कूल मूल द्रुम भानै॥
कायर बकै, लोह तें भाजै लरै जो सूर बखानै॥ ३१॥

घर ही के वाढ़े रावरे।
नाहिंन मीत बियोगबस परे अनवउगे अलि बवारे!
भूख मरि जाय चरै नहिं तिनुका सिंह को यहै स्वभाव रे!
स्रवन सुधा-मुरली के पोषे जोग-जहर न खवाब रे;
ऊधो हमहि सीख का देहो! हरि बिनु अनत न ठाँव रे!
सूरजदास कहा लै कीजै थाही नदिया नाव रे॥ ३२॥

राग मलार

स्याम मुख देखे ही परतीति।
जो तुम कोटि जतन करि सिखवत जोग ध्यान की रीति॥
नाहिन कछु सयान ज्ञान में यह हम कैसे मानैं।
कहौ कहा कहिए या नभ को कैसे उर में आनैं॥
यह मन एक एक वह मूरति, भृंगकीट सम माने।
सूर सपथ दै बूझत ऊधो यह ब्रज लोग सयाने॥ ३३॥

राग धनाश्री

लरिकाई को प्रेम, कहौ अलि, कैसे करिकै छूटत?
कहा कहौं ब्रजनाथ-चरित अब अंतरगति यो लूटत॥
चंचल चाल मनोहर चितवनि, वह मुसुकानि मंद धुनि मावत।
नटवर भेस नंदनंदन को वह विनोद गृह बन तें आवत॥
चरनकमल को सपथ करति हौं यह सँदेश मोहिं विष सम लागत।
सूरदास मोहि निमिष न बिसरत मोहन मूरति सोवत जागत॥ ३४॥

राग सोरठ

अटपटि बात तिहारी ऊधो सुनै सो ऐसी को है?
हम अहीरि अबला सठ, मधुकर! तिन्है जोग कैसे सो है?
बू चहि खुभी आँधरी काजर, नकटी पहिरैं वेसरि।
मुँडली पाटी पारन चाहै, कोढ़ी अँगहि केसरि॥
बहिरी सों पति मतो करैं उतर कौन पै पावै?
ऐसी न्याव है ताको ऊधो जो हमैं जोग सिखावैं॥
जो तुम हमको लाए कृपा करि सिर चढ़ाय हम लीन्हे।
सूरदास नरियर जो बिष को करहि बंदना कीन्हे॥ ३५॥

राग विहागरो

बरु वै कुब्जा भलो कियो।
सुनि सुनि समाचार ऊधो मो कछुक सिरात हियो॥
जाको गुन, गति, नाम, रूप, हरि हारयो, फिरि न दियो।
दिन अपनो मन हरत न जान्यो हँसि हँसि लोग जियो॥

सूर तनक चंदन चढ़ाय तन ब्रजपति बस्य कियो।
और सकल नागरि नारिन को दासी दाँव लियो॥ ३६॥

राग सारंग

हरि काहे के अंतर्यामी?
जौ हरि मिलत नहीं यहि औसर, अवधि बतावत लामी॥
अपनी चोप जाय उठि बैठे और निरस बेकामी?
सो कह पीर पराई जानै जो हरि गरुड़ागामी॥
आई उघरि प्रीति कलई सी जैसे खाटी आमी।
सूर इते पर अनख मरति हैं, ऊधौ, पीवत मामी॥ ३७।

बिलग जांन मानहु, ऊधो प्यारे!
बह मथुरा काजर की कोठरि ले आवहिं ते कारे॥
तुम कारे, सफलकसुत कारे, कारे मधुप भवारे।
तिनके संग अधिक छबि उपजत कमलनैन मनिआरे॥
जानहु नील माट तें काढ़े लै जमुना ज्यों पखारे।
ता गुन स्याम भई कालिंदीं सूर स्याम-गुन न्यारे॥ ३८॥

राग सारंग

अपनी स्वारथ को सब कोऊ।
चुप करि रहौ, मधुप रस-लंपट! तुम देखे अरु वोऊ॥
औरौ कछु सँदेस कहन को कहि पठयो किन सोऊ।
लीन्हे फिरत जौग जुवतिन को बड़े सयाने दीऊ।
तब कत मोहन रास खिलाई जो पै ज्ञान हुतोऊ?
अब हमरे जिय बैठो यह पद 'होनी होउ सो होऊ॥
मिटि गयो मान परेखो ऊधो हिरदय हतो सो होऊ।
सूरदास प्रभु गोकुलनायक चित-चिंता अब खोऊ॥ ३९॥

तुम जो कहत संदेसो आनि।
कहा करौ वा नन्दनंदन सों होत नहीं हितहानि॥
जोग-जुगुति किहि काज हमारे जदपि महा सुखखानि?
सनेह सनेह स्यामसुँदर के हिलि मिलि कै मन मानि॥

सोहत लोह परसि पारस ज्यों सुबरन बारह बानि।
पुनि वह चोप कहाँ चुंबक ज्यों लटपटाय लपटानि॥
रूपरहित नीरासा निरगुन निगमहु परत न जानि।
सूरजदास कौन विधि तासों अब कीजै पहिचानि॥ ४०॥

राग धनाश्री

हम तौ कान्ह केलि की भूखी।
कैसे निरगुन सुनहिं तिहारो बिरहिनि बिरह-बिदूखी?
कहिए कहा यहौ नहिं जानत काहि जोग है जोग।
पा लागों तुमहीं सो वा पुर बसत बावरे लोग॥
अंजन, अभरन, चीर, चारु बरु नेकु आप तन कीजै।
दंड, कमंडल, भस्म अधारी जो जुवतिन को दीजै॥
सूर देखि दृढ़ता गोपिन की ऊधौ यह व्रत पायो।
कहै 'कृपानिधि हो कृपाल हो! प्रेमैं पढ़न पठायो॥ ४१॥

अँखिया हरि-दरसन की भूखी।
कैसे रहै रूपरसराची ये बतियाँ सुनि रूखी॥
अवधि गनत इकटक मग जोवत तब एती नहिं झूखी।
अब इन जोग-सँदेसन ऊधो अति अकुलानी दूखी॥
बारक वह मुख केरि दिखाओ दुहि पय पिवत पतूखी।
सूर सिकत हठि नाव चलायो ये सरिता है सूखी॥ ४२॥

राग सारंग

जाव कहौ बूझी कुसलात।
जाके ज्ञान न होय सो मानै कही तिहारी बात॥
कारो नाम, रूप पुनि कारो, कारे अग सखा सब गात।
जो पै भले होत कहुँ कारे तौ कत बदलि सुता लै जात॥
हमको जोग, भोग कुबजा को काके हिवे समात?
सूरदास सेए सो पति कै पाले जिन्ह तेहि, पछितात॥ ४३॥

कहाँ लौं कीजै बहुत बड़ाई।
अतिहि अगाध अपार अगोचर मनसा तहाँ न जाई॥
जल बिनु तरँग, भीति बिनु चित्रन, बिन चित ही चतुराई।

अब ब्रज में अनरीति कछू यह ऊधो आनि चलाई॥
रूप न रेख बदन, बपु जाके संग न सखा सहाई।
ता निर्गुन सों प्रीति निरंतर क्यों निबहै, री माई।
मन चुभि रही माधुरी मूरति रोम रोम अरुझाई।
हौं बलि गई सूर प्रभु ताके जाके स्याम सदा सुखदाई॥ ४४॥

राग मलार

काहे को गोपीनाथ कहावत?
जो पै मधुकर कहत हमारे गोकुल काहे न आवत?
अपने की पहिचानि गानि कै हमहि कलंक लगावत।
जो पै स्याम कुबरी रीझे सो किन धाम धरावत?
ज्यो गजराज काज के ओसर औरै दसन दिखावत।
कहन सुनन को हम हैं ऊधो सूर अंत बिरमावत॥ ४५॥

अब कत सुरति होति है, राजन्?
दिन दस प्रीति करी स्वारथ-हित रहत आपने काजन॥
सबै अयानि भईं सुनि मुरली ठगी कपट की छाजन।
अब मन भयो सिंधु के खग ज्यों फिरि फिरि सरत जहाजन॥
वह नातो टूटो ता दिन तें सुफलकसुत-सँग भाजन।
गोपीनाथ कहाय सूर प्रभु कत मारत हौ लाजन॥ ४६॥

राग सोरठ

लिखि आई ब्रजनाथ की छाप।
बांधे फिरत सीस पर ऊधो देखत आवै ताप॥
नूतन रीति नंदनंदन की घरघर दीजत थाप।
हरि आगे कुब्जा अधिकारी, तातें है यह दाप॥
आए कहन जोग अवराघो अतिगत-कथा की जाप।
सूर सँदेसो सुनि नहिं लागै कहौ कौन कौ पाप॥ ४७॥

राग सारंग

फिरि फिरि कहा सिखावत बात?
प्रातकाल उठि देखत, ऊधो घरघर माखन खात॥
जाकी बात कहत हौ हमसों सो है हमसों दूरि।

ह्यां है निकट जसोदानंदन प्रान सजीवनमूरि॥
बालक संग लये दधि चोरत खात खवावत डोलत।
सूर सीस सुनि चौंकत नावहिं अब काहे न मुख बोलत?॥ ४८॥

राग धनाश्री

अपने सगुन गोपालै, माई! यहि विधि काहे देत?
ऊधो की ये निरगुन बातैं मीठो कैसे लेत।
धर्म, अधर्म कामना सुनावत सुख औ मुक्ति समेत॥
काकी भूख गई मनलाडू सो देखहु चित चेत।
सूर स्याम तजि को भुस फटकै मधुप तिहारे होत?॥ ४९॥

राग सारंग

हमको हरि की कथा सुनाव।
अपनी ज्ञानकथा हो ऊधो! मथुरा ही लै गाव॥
नागरि नारि भले बूझैंगी अपने वचन सुभाव।
पा लागो, इन बातनि, रे अलि! उनहीं जाय रिझाव॥
सुनि, प्रियसखा स्यामसुन्दर के जो पै जिय सति भाव।
हरिमुख अति आरत इन नयननि बारक बहुरि दिखाव॥
जो कोउ कोटि जतन करै, मधुकर, बिरहिनि और सुहाव?
सूरजदास मीन को जल बिनु नाहिंन और उपाव॥ ५०॥

राग कान्हरो

अलि हो। कैसे कहौं हरि के रूप रसहि?
मेरे तन में भेद बहुत विधि रसना न जानै नयन की दसहि॥
जिन देखे ते आहिं बचन बिनु जिन्हैं बचन दरसन न तिसहि।
बिन बानी भरि उमगि प्रेमजल सुमिरि वा सगुन जसहि॥
बार-बार पछितात यहै मन कहा करै जो विधि न बसहि।
सूरदास अंगन की यह गति को समुझावै पाछपद पसुहि?॥ ५१॥

राग सारंग

हमारे हरि हारिल कों लकरी।
मन बच क्रम नंदनंदन सों उर यह दृढ़ करि पकरी॥
जागत, सोवत, सपने सौंतुख कान्ह कान्ह जकरी।

तुनतहि जोग लगत ऐसो अलि! ज्यों करुई ककरी॥
सोई ब्याधि हमैं लै आए देखी सुनी न करी।
यह तौं सूर हिन्हैं लें दीजै जिनके मन चकरी॥ ५२॥

फिरि फिरि कहा सिखावत मौन?
दुसह बचन अलि यों लागत उर ज्यों जारे पर लौन॥
सिंगी, भस्म, त्वचामृग, मुद्रा अरु अवरोधन पौन।
हम अबला अहीर, सठ मधुकर! घर बन जानै कौन॥
बह मत लै तिनहीं उपदेसौ जिन्हैं आज सब सोहत।
सूर आज लौं सुनी न देखी पोत सूतरी पोहत॥ ५३॥

राग जैतश्री

प्रेमरहित यह जोग कौन काज गायो?
दीनन सों निठुर बचन कहे कहा पायो?
नयनन निज कमलनयन सुन्दर मुख हेरो।
मूँदन ते नयन कहत कौन ज्ञान तेरो?
तामें कहु मधुकर! हम कहा लैन जाहीं।
जामें प्रिय प्राननाथ नदनँदन नाहीं?॥ ५४॥

जायसी

नागमती–वियोग खण्ड

नागमती चितउर पँथ हेरा। पिउ जो गए फिरि कीन्ह न फेरा।
नागरि नारि काहुँ बस परा। तेइँ बिमोही मोसौं चितु हरा।
सुवा काल होइ लै गा पीऊ। पिउ नहि लेत लेत बरु जीऊ।
भएउ नरायन बावन करा। राज करत बलि राजा छरा।
करन बान लीन्हेउ करि छंदू। भारथ भएउ छल मिला इन्दू।
मानत भोग गोपीचँद भोगी। लै अपसवा जलंधर जोगी।
लै कान्हहि भा अकरूर अलोपी। कठिन बिछोउ जिऐ किमि गोपी।

सारस जोरी किमि हरी मारि गएउ किन खग्गि।
झुरि झुरि पाँजर धनि भई बिरह कै लागी अग्गि॥ १॥

पिउ बियोग अस बाउर जीऊ। पपिहा तस बोलै पिउ पीऊ।
अधिक काम दगधै सो रामा। हरि जिऊ लै सो गएउ पिउ नामा।
बिरह बान तस लाग न डोली। रक्त पसीज भीजि तन चोली।
सखि हिय हेरि हार मैन मारी। हहरि परान तजै अब नारी।
खिन एक आव पेट महँ स्वाँसा। खिनहि जाइ सब होइ निराशा।
पौनु डोलावहि सींचहि चोला। पहरक समुझि नारि मुख बोला।
प्रान पयान होत केइँ राखा। को मिलाव चात्रिक कै भाखा।

आह जो मारी बिरह की आगि उठी तेहि हॉक।
हंस जो रहा सरीर महँ पांख जरे तन थाक॥ २॥

पाट महादेइ हिए न हारू। समुझि जीउ चित चेतु सँभारू।
भँवर कँवल सँग होइ न पगावा। सँवरि नेह मालति पहँ आवा।

पीऊ सेवाति सौ जैस पिरीती। टेकु पियास बांधु जिय थीती।
धरती जैस गँगन के नेहा। पलटि भरै बरखा रितु मेहा।
पुनि बसंत रितु आव नवेली। सो रस सो मधुकर सो बेली।
जनि अस जीउ करसि तूँ नारी। दहि तरिवर पुनि उठहिं सँभारी।
दिन दस जल सूखा का नंसा। पुनि सोइ सरवर सोई हंसा।
मिलहिं जो बिछुरे साजना गहि गहिबि भेंट गहंत।
तपनि मिरगिसिरा जे सहहिं अद्रा ते पलुहंत॥ ३॥

चढ़ा असाढ़ गँगन घन गाजा। साजा बिरह दुंद दल बाजा।
धूम स्याम धौरे घन धाए। सेत धुजा बगु पाँति देखाए।
खरग बीज चमकै चहुँ ओरा। बुंद बान बरिसै घन घोरा।
अद्रा लाग बीज भुइँ लेई। मोहि पिय बिनु को आदर देई।
ओनै घटा आई चहुँ फेरी। कंत उबारु मदन हौं घेरी।
दादुर मीर कोकिला पीऊ। करहिं बेझ घट रहै न जीऊ।
पुरब नक्षत्र सिर ऊपर आवा। हौं बिनु नाँह मँदिर को छावा।
जिन्ह घर कंता ते सुखी तिन्ह गारौ तिन्ह गर्व।
कंत पियारा बाहिरे हम सुख भूला सर्व॥ ४॥

सावन बरसि मेह अतिवानी। मरनि भरइ हौ बिरह झुरानी।
लागु पुनर्बसु पीउ न देखा। भै बाउरि कहँ कंत सरेखा।
रकत क आंसु परे भुइँ टूटी। रेंगि चली जनु बीर बहूटी।
सखिन्ह रचा पिउ संग हिंडोला। हरियर भुइँ कुसंभि तन चोला।
हिय हिंडोल जस डोलै मोरी। बिरह झुलावै देइ झँकोरी।
बाट असूझ अथाह गँभीरा। जिउ बाउर भा भवै भँभीरा।
जग जल बूड़ि जहाँ लगि ताकी। भोर नाव खेवक बिधु थाकी।
परवत समुँद अगम बिच बन बेहड़ घन ढंख।
किभि करि भेटौं कंत तोहि ना मोहि पाँव न पंख॥ ५॥

भर भादौं दूभर अति भारी। कैसे भरौं रैनि अँधियारी।
मँदिल सून पिय अनतै बसा। सेज नाग भै धै धै डसा।
रहौ अकेलि गहें एक पाटी। नैन पसारि मरौं हिय फाटी।

चमकि बीज घनि गरजि तरासा। बिरह काल होई जीउ गरासा।
बरिसै मघा झँकोरि झँकोरी। मोर दुइ नैन चुवहि जसि ओरी।
पुरबा लाग पुहुमि जल पूरी। आक जवास भई हौं झूरी।
धनि सूखी भर भांदौं माहाँ। अबहूँ आइ न सींचसि नाहाँ।

जल थल भरे अपूरि सब गँगन घरति मिलि एक।
धनि जोबन औगाह महँ दे बूड़त पिय टेक॥ ६॥

लाग कुआर नीर जग घटा। अबहुँ आउ पिउ परभूमि लटा।
तोहि देखे पिउ पलुहै काया। उतरा चित्त बहुरि करु माया।
उए अगस्ति हस्ति घन गाजा। तुरै पलानि चढ़े रन राजा।
चित्रा मित मीर घर आवा। कोकिल पीउ पुकारत पावा।
स्वाति बुन्द चातिक मुख परे। सीप समुन्द्र मोति सब भरे।
सरवर सँवरि हंस चलि आए। सारस कुरुरहि खजन देखाए।
भए बिगास काँस बन फूले। कंत न फिरे बिदेसहि भूले।

बिरह हस्ति तन सालै खाई करै तन चूर।
बेगि आइ पिय बाजहु गाजहु होइ सदूर॥ ७॥

कातिक सरद चंद उजियारी। जग सीतल हौं बिरहै जारी।
चौदह करा कीन्ह परगासू। जनहुँ जरै सब धरति अकासू।
तन मन सेज करै अगिडाहू। सब कहँ चाँद भएउ मोहिं राहू।
चहूँ खंड लागै अँधियारा। जौ घर नाहिन कंत पियारा।
अबहूँ निठुर आव एहिं बारा। परब देवारी होइ संसारा।
सखि झूमक गावहि अँग मोरी। हौं झूरौं बिछुरी जेहि जोरी।
जेहि घर पिउ सो मनोरा पूजा। मो कहँ बिरह सवति दुख दूजा।

सखि मानहि तेवहार सब गाइ देवारी खेलि।
हौं का खेलौं कंत बिनु तेहिं रही छार सिर मेलि॥ ८॥

अगहन देवस घटा निसि बाढ़ी। दूभर दुख सो जाइ किमि काढ़ी।
अब धनि देवस बिरह भा राती। जरै बिरह ज्यों दीपक बाती।
काँपा हिया जानवा सीऊ। तौ पै जाइ होइ सँग पीऊ।
घर घर चीर रचा सब काहूँ। मोर रूप रँग लै गा नाहूँ।

पलटि न बहुरा गा जो बछोई। अबहूँ फिरैं फिरैं रँग सोई।
सियरि अगिनि बिरहै हिय जारा। सुलगि सुलगि दगधै भै छारा।
यह दुख दगध न जानै कतू। जोबन जरम करै भसमतू।
पिय सौं कहेहु सँदेसरा ऐ भँवरा ऐ काग।
सो धनि बिरहें जरि गई तेहिक धुआं हम लाग॥ ९॥

पूस जाड़ थरथर तन कांपा। सुरुज जड़ाइ लंक दिसि तापा।
बिरह बाढ़ि भा दारुन सीऊ। काँप कँपि मरौं लेहि हरि जीऊ।
कंत कहां हीं लागौ हियरें। पंथ अपार सूझ नहिं नियरें।
सौर सुवेती आवै जूड़ी। जानहूँ सेज हिवचल बूड़ी।
चकई निसि बिछुरैं दिन मिला। हौं निसि बासर बिरह कोकिला।
रैनि अकेलि साथ नहि सखी। कैसे जिऔं बिछोही पँखी।
बिरह सैचान भँवै तन चाड़ा। जीयत खाइ मुएँ नहिं छांड़ा।
रकत ढरा मांसू गरा हाड़ भए सब संख।
धनि सारस होइ ररि मुई आई सपेटहु पंख॥ १०॥

आइ सूर होइ तपु रै नाहाँ। तेहि बिधु जाड़ न छूटै माहाँ।
एहि मास उपजै रस मूलू। तूँ सो भँवर मोर जोबन फूलू।
नैन चुवहिं जस मांहुट नीरू। तेहि जल आगि लाग सर चीरू।
टूटहिं बुन्द परहि जस ओला। बिरह पवन होइ मारैं झोला।
केहिक सिंगार को पहिर पटोरा। गियँ नहिं हार रही होइ डोरा।
तुम्ह बिनु कंता धनि हरुई तन तिनुबर भा डोल।
तेहि पर बिरह जराइ कै चहै उड़ाबा झोल॥ ११॥

फागुन पवन झँकोरै बहा। चौगुन साउ जाइ किमि सहा।
तन जस पिंयर पात भा मोरा। बिरह न रहै पवन होई झोरा।
तरिवर झरै झरैं बन ढांखा। भइ अनपत्त फूल फर साखा।
करिन्ह बनाफति कीन्ह हुलासू। मो कहँ भा जग दून उदासू।
फाग करहिं सब चाँचरि जोरी। मोहिं जिय लाइ दीन्हि जसि होरी।
जों पै पियहि जरत अस भावा। जरत मरत मोहि रोस न आवा।
रातिहु देवस इहै मन मोरें। लागौं कंत छार जेउँ तोरे।

यह तन जारौं छार कै कहौं कि पवन उड़ाउ।
मकु तेहि मारंग होइ परौं कंत धरै जहँ पाउ॥ १२॥

चैत वसंता होइ धमारी। मोहि लेखे संसार उजारी।
पंचम बिरह पंच सर मारै। रकत रोइ सगरौ बन ढारे।
बूड़ि उठे सब तरिवर पाता। भीजि मजीठ टेसू बन राता।
मौरें आँब फरे अबं लागे। अबहुँ सँवरि धर आउ सभागे।
सहस भाव फूली बनफती। मधुकर फिरै सँवरि मालती।
मो कहँ फूल भए जस कांटे। दिस्टि परत तन लागहि चांटे।
भर जोबन एहु नारँग साखा। सोवा बिरह अब जाइ न राखा।
घिरिन परेवा आव जस आइ परहु पिय टूटि।
नारि पराएँ हाथ है सुम्ह बिनु पाव न छूटि॥ १३॥

भा बैसाख तपनि अति लागी। चोला चीर चँदन भी आगी।
सुरुज जरत हिवचल ताका। बिरह बजागि सौंहँ रथ हाँकाँ।
जरत बजागिनि होउ पिउ छाँहाँ। आइ बुझाउ अँगारन्ह मांहां।
तोहि दरसन होइ सीतल नारी। आइ आगि सो करु फुलवारी।
लागिउँ जरै जरै जस भारू। बहुरि जो भूँजसि तजौं न बारू।
सरवर हिया घटत नित जाई। टूक टूंक होइ होइ बिहराई।
बिहरत हिया करहु पिय टेका। दिस्टि दवँगरा मेरवहु एका।
कँवल जो बिगसा मानसर छारहि मिलै सुखाइ।
अबहुँ बेलि फिरि पलुहै जौं पिय सींचहु आई॥ १४॥

जेठ जरै जग बहै लुआरा। उठै बवंडर धिकै पहारा।
बिरह गाजि हनिवंत होइ जागा। लंका डाह करै तन लागा।
चारिहुँ पवन झँकोरे आगी। लंका डाहि पलंका लागी।
दहि भइ स्याम नदी कालिंदी। बिरह कि आगि कठिन असि मंदी।
उठै आगि औ आवै आँधी। नैन न सूझ मरौं दुख बाँधी।
अधजर भई माँसु तन सूखा। लागेउ बिरह काग होइ भूखा।
माँसु खाइ अब हाँड़न्ह लागै। अब्रहूँ आउ आवत सुनि भागै।
परबत समुंद मेघ ससि दिन अर सहि न सकहिं यह आगि।
मुहमद सती सराहिअै जरै सो अस पिय लागि॥ १५॥

तपै लाग अब जेठ असाढ़ी। भै मो कहँ यह छाजनि गाढ़ी।
तन तिनु बर भा झूरौं खरी। भै बिरहा आगरि सिर परी।
साँठ नाहि लगि बात को पूँछा। बिनु जिय भएउ मूँअ तन छूँछा।
बध नाहिं और कंध न कोई। बाक न आव कहौं केहि रोई।
ररि दुबरि भई टेक बिहूनी। थंभ नाहिं उठि सकै न थूनी।
बरिसहिं नैन चुवहिं घर माँहा। छप्पर छपर होइ बिनु छाँहाँ।
को रे कहाँ ठाट नव साजा। तुम्ह बिनु कन्त न छाजन छाजा।
अबहूँ दिस्टि मया करु छान्हिन तजु घर आउ।
मदिल उजार होत है नव कै आनि बसाउ॥ १६॥

रोई गँवाएउ बारह मासा। सहस सहस दुख एक एक साँसा।
तिल तिल बरिस बरिस बरु जाई। पहर पहर जुग जुग न सिराई।
सो न आउ पिउ रूप मुरारी। जासों पाव सोहाग सो नारी।
साँझ भए झुरि झुरि पँथ हेरा। कौनु सो घरी करै पिउ फेरा।
दहि कोइल मै कंत सनेहा। तोला माँसु रहा नहिं देहा।
रकत न रहा बिरह तन गरा। रती रती होइ नैनन्हि ढरा।
पाव लागि चेरी धनि हाहा। चूरा नेहु जोरु रे नाहा।
बरिस देवस धनि रोइ कै हारि परी चित झाँखि।
मानुस घर घर पूंछि कै पूँछै निसरी पाँखि॥ १७॥

भई पुछारि लीन्ह बनबासू। बैरिन सवति दीन्ह चिल्हवाँसू॥
कै खर बान कसै पिय लागा। जौं घर आवै अबहूँ कागा।
हारिल भई पंथ में सेवा। अब तहँ पठवौ कौनु परेबा।
धौरी पंडुक कहु पिय ठाऊँ। जौं चित रोख न दोसर नाऊँ।
जाहि बया गहि पिय कँठ लवा। करै मेराउ सोइ गौरवा॥
कोइल भई पुकारत रही। महर पुकारि लेहु रे दही॥
पिअर तिलोर आव जलहंसा। बिरहा पैठि हिएँ कट नंसा॥
जेहि पखी कहँ अढ़वौ कहि सो बिरह कै बात।
सोई पंखि जाइ डहि तरिवर होइ निपात॥ १८॥

कुहुकि कुहिक जसि कोइलि रोई। रकत आँसु घुँघुची बन बोई॥
पै करमुखी नैन तन राती। को सिराव बिरहा दुख ताती॥

जहँ जहँ ठाढ़ि होइ बनबासी। तहँ तहँ होइ घुँघुचिन्ह रासी॥
बुंद बुंद महँ जानहु जीऊ। गुजा गुजि करहिं पिउ पिऊ॥
तेहि दुख डहे परास निपाते। लोहू बूड़ि उठे परभाते॥
राते बिंब भए तेहि लोहू। परवर पाक फाट हिय गोहूँ॥
देखिअ जहाँ सोइ होइ राता। जहाँ सो रतन कहै को बाता।
ना पावस ओहि दसरें ना हेवंत बसंत।
ना कौकिल न पपीहा रा केहि सुनि आवहि कंत॥ १९॥
फिरि फिर रोइ न कोई डोला। आधी राति बिहंगम बोला।
तै फिरि फिरि दाधे सब पाँखी। केहि दुख रैनि न लावसि आँखी।
नागमती कारन कै रोई। का सोवै जौं कंत बिछाई।
मन चित हुतें न बिसरै भोरै। नैन क जल चखु रहै न मोरै।
कहिसि जात हौं सिंघल दीपा। तेहि सेवाति कहं नैना सीपा।
जोगी होई निसरा सो नाहू। तब हुत कहा सदेस न काहू॥
निति पूछौं सद जोगी जंगम। कोई निजु बात न कहै बिहंगम।
चारिउ चक्र उजारि भे सकसि् संदेसा टेकु।
कहौं बिरह दुख आपन बैठि सुनहि डंड एकु॥ २०॥
तासौं दुख कहिए हो बीरा। जेहि सुनि कै लागै पर पीरा।
को होइ भीबै दंगवैप रिगाहा। के सिघल पहुँचावै चाहा॥
जहाँ सो कंत गए होइ जोगी। हौं किंगरी भै झुरौं वियोगी।
ओहूँ सिंगी पूरै गुरु भेंटा। हौं भै भसम न आइ समेटा।
कथा जो कहै आइ पिय केरी। पाँवरिं होउँ जनम भरि चेरी।
ओहि के गुन सँवरत भै माला। अबहुँ न बहुरा उड़िगा छाला।
बिरह कराइ खपर कै हिया। पवन अधारि रहा होइ जिया।
हाड़ भए झुरि किंगरी नसैं भई सब ताँति।
रोवँ रोवँ तन धुनि उठै कहेसु बिथा एहि भाँति॥ २१॥

तुलसीदास

अयोध्याकाण्ड

मुनि कहुँ राम दंडवत कीन्हा। आसिरबादु बिप्रबर दीन्हा॥
देखि राम छबि नयन जुड़ाने। करि सनमानु आश्रमहिं आने॥
मुनिबर अतिथि प्रानप्रिय पाए। कंद मूल फल मधुर मगाए॥
सिय सौमित्रि राम फल खाए। तब मुनि आश्रम दिए सुहाए॥
बालमीकि मन आनँदु भारी। मंगल मुरति नयन निहारी॥
तब कर कमल जोरि रघुराई। बोले बचन श्रवन सुखदाई॥
तुम्ह त्रिकाल दरसी मुनिनाथा। बिस्व बदर जिमि तुम्हरें हाथा॥
अस कहि प्रभु सब कथा बखानी। जेहि जेहि भाँति दीन्ह बनु रानी॥
दो०—तात बचन पुनि मातु हित भाइ भरत अस राउ।
मो कहुँ दरस तुम्हार प्रभु सबु मम पुन्य प्रभाउ॥ १॥
देखि पाय मुनिराय तुम्हारे। भए सुकृत सब सुफल हमारे॥
अब जहँ राउर आयसु होई। मुनि उदबेगु न पावै कोई॥
मुनि तापस जिन्ह तें दुखु लहहीं। ते नरेस बिनु पावक दहही॥
मंगल मूल बिप्र परितोषू। दहइ कोटि कुल भूसुर रोपू॥
अस जियँ जानि कहिअ सोइ ठाऊँ। सिय सौमित्रि सहित जहँ जाऊँ॥
तहँ रचि रुचिर परन तृन साला। बासु करौं, कछु काल कृपाला॥
सहज सरल सुनि रघुबर बानी। साधु साधु बोले मुनि ग्यानी॥
कस न कहहु अस रघुकुल केतू। तुम्ह पालक संतत श्रुति सेतू॥
छं०— श्रुति सेतु पालक राम तुम्ह जगदीस माया जानकी॥
जो सृजति जगु पालति हरति रुख पाइ कृपानिधान की॥

जो सहसीसु अहीसु महिधर लखनु सचराचर धनी॥
सुर काज-धरि नरराज तनु चले दलन खल निसिचर अनी॥

सो०—राम सरूप तुम्हार बचन अगोचर बुद्धिपर।
अबिगत अकथ अपार नेति नित निगम कह॥ २॥

जगु पेखन तुम्ह देखनिहारे। बिधि हरि संभु नचावनिहारे॥
तेउ न जानहि मरमु तुम्हारा। औरु तुम्हहि को जाननिहारा॥
सोइ जानइ जेहि देहु जनाई। जानत तुम्हहि तुम्हइ होइ जाई॥
तुम्हरिहि कृपाँ तुम्हहि रघुनंदन। जानहिं भगत भगत उर चंदन॥
चिदानंदमय देह तुम्हारी। बिगत बिकार जान अधिकारी॥
नर तनु धरेहु संत सुर काजा। कहहु करहु जस प्राकृत राजा॥
राम देखि सुनि चरित तुम्हारे। जड़ मोहहि बुध होहि सुखारे॥
तुम्ह जो कहहु करहु सबु साँचा। जस काछिअ तस चाहिअ नाचा॥

दो०—पूँछेहु मोंहि कि रहौं कहँ मैं पूँछत सकुचाउँ।
जहँ न होहु तहँ देहु काह तुम्हहि देखाबौं ठाउँ॥ ३॥

सुनि मुनि बचन प्रेम रस साने। सकुचि राम मन महुँ मुसुकाने॥
बालमीकि हँसि कहहिं बहोरी। बानी मधुर अमिअ रस बोरी॥
सुनहु राम अब कहउँ निकेता। जहाँ बसहु सिय लखन समेता॥
जिन्ह के श्रवन समुद्र समाना। कथा तुम्हारि सुभग हरि नाना॥
भरहिं निरंतर होहिं न पूरे। तिन्ह के हिय तुम्ह कहुँ गृह रूरे॥
लोचन चातक जिन्ह करि राखे। रहहि दरस जलधर अभिलाषे॥
निदरहिं सरित सिंधु सर भारी। रूप बिंदु जल होहिं सुखारी॥
तिन्ह के हृदय सदन सुखदायक। बसहु बंधु सिय सह रघुनायक॥

दो०—जसु तुम्हार मानस बिमल हंसिनि जीहा जासु।
मुकताहल गुन गन चुनई राम बसहु हियें तासु॥ ४॥

प्रभु प्रसाद सुचि सुभग सुबासा। सादर जासु लहइ नित नासा॥
तुम्हहि निबेदित भोजन करहीं। प्रभु प्रसाद पट भूषन धरहीं॥
सीस नबहिं सुर गुरु द्विज देखी। प्रीति सहित करि बिनय बिसेषी॥
कल नित करहिं राम पद पूजा। राम भरोस हृदयं नहिं दूजा॥

चरत राम तीरथ चलि जाहीं। राम बसहु तिन्ह के मन माहीं॥
मंत्रराजु नित जपहिं तुम्हारा। पूजहिं तुम्हहि सहित परिवारा॥
तरपन होम करहिं बिधि नाना। बिप्र जेवाँइ देहिं बहु दाना॥
तुम्ह तें अधि गुरहि जियँ जानी। सकल भायँ सेवहिं सनमानी॥
दो०—सबु करि मागहिं एक फलु राम चरन रति होउ।
तिन्ह कें मन मन्दिर बसहु सिय रघुनंदन दोउ॥ ५॥
काम कोह मद मान न मोहा। लोभ न छोभ न राग न द्रोहा॥
जिन्ह कें कपट दंभ नहिं माया। तिन्ह कें हृदय बसहु रघुराया॥
सबके प्रिय सबके हितकारी। दुख सुख सरिस प्रसंसा गारी॥
कहहिं सत्य प्रिय बचन बिचारी। जागत सोवत सरन तुम्हारी॥
तुम्हहि छाड़ि गति दूसरि नाहीं। राम बसहु तिन्ह के मन माहीं॥
जननी सम जानहिं परनारी। धनु पराव विष तें बिष भारी॥
जे हरषहिं पर संपति देखी। दुखित होहिं पर बिपति बिसेषी॥
जिन्हहि राम तुम्ह प्रानपिआरे। तिन्ह के मन सुभ सदन तुम्हारे॥
दो०—स्वामि सखा पितु मातु गुर जिन्ह के सब तुम्ह तात।
मन मंदिर तिन्ह कें बसहु सीय सहित दोउ भ्रात॥ ६॥
अवगुन तजि सब के गुन गहहीं। बिप्र धेनु हित संकट सहहीं॥
नीति निपुन जिन्ह कइ जग लीका। घर तुम्हार तिन्हकर मनु नीका॥
गुन तुम्हार ससुझइ निज दोसा। जेहि सब भाँति तुम्हार भरोसा॥
राम भगत प्रिय लागहिं जेही। तेहि उर बसहु सहित वैदेही॥
जाति पाँति धनु धरमु बड़ाई। प्रिय परिवार सदन सुखदाई॥
सब तजि तुम्हहि रहइ उर लाईं। तेहि के हृदय रहहु रघुराईं॥
सरगु नरकु अपबरगु समाना। जहँ तहँ देख धरें धनु बाना॥
करम बचन मन राउर चेरा। राम करहु तेहि कें उर डेरा॥
दो०—जाहि न चाहिअ कबहुँ कछु तुम्ह सन सहज सनेहु।
बसहु निरंतर तासु मन सा राउर निज गेहु॥ ७॥
एहि बिधि मुनबर भवन देखाए। बचन सप्रेम राम मन भाए॥
कह मुनि सुनहुँ भानुकुलनायक। आश्रम कहउँ समय सुखदायक॥

चित्रकूट गिरि करहु निवासू। तहँ तुम्हार सब भाँति सुपासू॥
सैलु सुहावन कानन चारू। करि केहरि मृग बिहग बिहारू॥
नदी पुनीत पुरान बखानी। अत्रि प्रिया निज तपबल आनी॥
सूरसरि धार नाउँ मंदाकिनि। जो सब पातक पोतक डाकिनि॥
अत्रि आदि मुनिबर बहु बसहीं। करहि जोग जप तप तन कसहीं॥
चलहु सफल श्रम सब कर करहू। राम देहू गौरव गिरिवरहू॥
दो०—चित्रकूट महिमा अमित कही महामुनि गाइ।
आई नहाए सरित बर सिय समेत दोउ भाइ॥ ८॥
रघुबर कहेउ लखन भल घाटू। करहू कतहुँ अब ठाहर ठाटू॥
लखन दीख पय उतर करारा। चहुँ दिसी फिरेउ धनुष जिमि नारा॥
ननी पनच सर सम दम दाना। सकल कलुष कलि साउज नाना॥
चित्रकूट जनु अचल अहेरी। चुकइ न घात मार मुठभेरी॥
अस कहि लखन ठाउँ देखरावा। थलु बिलोकि रघुबर सुखु पावा॥
रमेउ राम मनु देवन्ह जाना। चले सहित सुर थपति प्रधाना॥
कोल किरात बेष सब आए। रचे परन तृन सदन सुहाए॥
बरनि न जाहिं मजु दुइ साला। एक ललित लघु एक बिसाला॥
दो०—लखन जानकी सहित प्रभु राजत रुचिर निकेत।
सोह मदनु मुनि बेष जनु रति रितुराज समेत॥ ९॥
अमर नाग किंनर दिसिपाला। चित्रकूट आए तेहि काला॥
राम प्रनामु कीन्ह सब काहू। मुदित देव लहि लोचन लाहू॥
बरषि सुमन कह देव समाजू। नाथ सनाथ भए हम आजू॥
करि बिनती दुख दुसह सुनाए। हरषित निज निज सदन सिधाए॥
चित्रकूट रघुनंदनु छाए। समाचार सुनि सुनि मुनि आए॥
आवत देखि मुदित मुनिवृंदा। कीन्ह दंडवत रघुकुल चंदा॥
मुनि रघुबरहि लाइ उर लेहीं। सुफल होन हित आसिष देहीं॥
सिय सौमित्रि राम छबि देखहिं। साधन सकल सफल करि लेखहिं॥
दो०—जथाजोग सनमानि प्रभु बिदा किए मुनिवृंद।
करहिं जोग जप जाग तप निज आश्रमन्हि सुछन्द॥ १०॥

यह सुधि कोल किरातन्ह पाई। हरषे जनु नव निधि घर आई॥
कंद मूल फल भरि-भरि दोना। चले रंक जनु लूटन सोना॥
तिन्ह महँ जिन्ह देखे दोउ भ्राता। अपर तिन्हहि पूँछहि मगु जाता॥
कहत सुनत रघुबीर निकाई। आइ सबन्हि देखे रघुराई॥
करहिं जोहारु भेंट धरि आगे। प्रभुहि बिलोकहि अति अनुरागे॥
चित्र लिखे जयु जहँ तहँ ठाढ़े। पुलक शरीर नयन जल बाढ़े॥
राम सनेह मगन सब जाने। कहि प्रिय बचन सकल सनमाने॥
प्रभुहि जोहारि बहोरि घहोरी। बचन बिनीत कहहिं कर जोरी॥
दो०—अब हम नाथ सनाथ सब भए देखि प्रभु पाय।
भाग हमारे आगमनु राउर कोसलराय॥ ११॥
धन्य भूमि बन पंथ हमारा। जहँ जहँ नाथ पाउ तुम्ह धारा॥
धन्य बिहग मृग कानन चारी। सफल जनम भए तुम्हहि निहारी॥
हम सब धन्य सहित परिवारा। दीख दरसु भरि नयन तुम्हारा॥
कीन्ह वासु भल ठाऊँ विचारी। इहाँ सकल रितु रहब सुखारी॥
हम सब भाँति करब सेवकाई। करि केहरि अहि बाध बराई॥
वन बेहड गिरि कंदर खोहा। सब हमार प्रभु पग पग जोहा॥
तहँ तहँ रुम्हहि अहेर खेलाउब। सर निरझर जलठाउँ देखाउब॥
हम सेवक परिवार समेता। नाथ न सकुचब आयसु देता॥
दो०—बेद बचन मुनि मन अगम ते प्रभु करुना ऐन।
बचन किरातन्ह के सुनत जिमि पितु बालक बैन॥ १२॥
रामहि केवल प्रेमु पिआरा। जानि लेउ जो जाननिहारा॥
राम सकल बनचर तब तोषे। कहि मृदु बचन प्रेम परिपोषे॥
बिदा किए सिर नाइ सिधाए। प्रभु गुन कहत सुनत घर आए॥
एहि विधि सिय समेत दो भाई। बसहिं विपिन सुर मुनि सुखदाई॥
जब तें आइ रहे रघुनायकु। तब तें भयउ बनु मंगल दायकु॥
फूलहिं फलहिं बिटप बिधि नाना। मंजु बलित बर बेलि बिताना॥
सुरतरु सरिस सभायँ सुहाए। मनहुँ बिबुध बन परिहरि आए॥
गुज मंजुतर मधुकर श्रेनी। त्रिबिध बयारि बहइ सुख देनी॥

दो०—नीलकंठ कलकंठ सुक चातक चक्क चकोर।
भाँति भाँति बोलहिं बिहग श्रवन सुखद चित चोर॥ १३॥
करि केहरि कपि कोल कुरंगा। बिगतबैर बिचरहिं सब संगा॥
फिरत अहेर राम छबि देखी। होहिं मुदित मृगवृंद बिसेषी॥
बिबुध बिपिन जहं लगि जग माहीं। देखि राम बनु सकल सिहाहीं॥
सुरसरि सरसइ दिनकर कन्या। मेकलसुता गोदावरि धन्या॥
सब सर सिंधु नदी नद नाना। मंदाकिनि कर करहि बखाना॥
उदय अस्त गिरि अरु कैलासू। मंदर मेरु सकल सुरबासू॥
सैल हिमाचल आदिक जेते। चित्रकूट जसु गावहिं तेते॥
बिंधि मुदित मन सुखु न समाई। श्रम बिनु बिपुल बड़ाई पाई॥
दो०—चित्रकूट के बिहग मृग बेलि बिटप तृन जाति।
पुन्य पुंज सब धन्य अस कहहिं देव दिन राति॥ १४॥
नयनवंत रघुबरहि बिलोकी। पाइ जनम फल होहिं बिसोकी॥
परसि चरन रज अचर सुखारी। भए परम पद के अधिकारी॥
सो बनु सैलु सुभायं सुहावन। मृगलमय अति पावन पावन॥
महिमा कहिअ कवनि बिधितासू। सुखसागर जहँ कीन्ह निवासू॥
पय पयोधि लजि अवध बिहाई। जहं सिय लखनु रामु रहे आई॥
कहि न सकहिं सुषमा जसि कानन। जौं सत सहस होहिं सहसानन॥
सो मैं बरनि कहौं बिधि केहीं। डाबर कमठ कि मंदर लेहीं॥
सेवहिं लखनु करम मन बानी। जाइ न सीलु सनेहु बखानी॥
दो०—छिनु छिन लखि सिय राम पद जानि आपु पर नेहु।
करत न सपनेहुँ लखनु चितु बंधु मातु पितु गेहु॥ १५॥
राम संग सिय रहति सुखारी। पुर परिजन गृह सुरति बिसारी॥
छिनु छिनु पिय बिधु बदनु निहारी। प्रमुदित मनहुँ चकोर कुमारी॥
नाह नेहु नित चढ़त बिलोकी। हरषित रहति दिवस जिमि कोकी॥
सिय मनु राम चरन अनुरागा। अवध सहस सम बनु प्रिय लागा॥
परनकुटी प्रिय प्रियतम संगा। प्रिय परिवारु कुरंग बिहंगा॥
सासु ससुर सम मुनितिय मुनिबर। असनु अमिअ सम कंद मूल फर॥

नाथ साथ साथरी सुहाई। मयन सयन सय सम सुखदाई॥
लोकप होहि बिलोकत जासू। तेहि कि मोहि सक बिषय बिलासू॥
दो०—सुमरत रामहि तजहिं जन तृन सम विषय बिलासु।
राम प्रिय जग जननि सिय कछु न आचरजु तासु॥ १६॥
सीय लखन जेहि बिधि सुखु लहहीं। सोइ रघुनाथ करहिं सोइकहहीं॥
कहहिं पुरातन कथा कहानी। सुनहिं लखनु सिय अति सुखु मानी॥
जब जब रामु अवध सुधि करहीं। तब तब बारि बिलोचन भरहीं॥
सुमिरि मातु पितु परिजन भाई। भरत सनेह सीलु सेवकाई॥
कृपासिंधु प्रभु होहिं दुखारीं। धीरजु धरहिं कुसमउ बिचारी॥
लखि सिय लखनु बिकल होइ जाहीं। जिमि पुरुषहि अनुसर परिछाहीं॥
प्रिया बंधु गति लखि रघुनंदनु। धीर कृपाल भगत उर चदनु॥
लगे कहन कछु कथा पुनीता। सुनि सुखु लहहिं लखनु अरु सीता॥
दो०—रामु लखन सीता सहित सोहत परन निकेत।
जिमि बासव बस अमरपुर सची जयंत समेत॥ १७॥
जोगवहिं प्रभु सिय लखनहिं कैसे। पलक बिलोचन गोलक जैसे॥
सेवहिं लखनु सीय रघुबीरहि। जिमि अबिबेकी पुरुष सरीरहि॥
एहि बिधि प्रभु बन बसहिं सुखारी। खग मृग सुर तापस हितकारी॥
कहेउँ राम बन गवनु सहावा। सुनहु सुमंत्र अवध जिमि आवा॥
फिरेउ निषादु प्रभुहि पहुँचाई। सचिव सहित रय देखेसि आई॥
मंत्री बिकल बिलोकि निषादू। कहि न जाइ जस भयउ बिषादू॥
राम राम सिय लखन पुकारी। परेउ धरनितल ब्याकुल भारी॥
देखि दखिन दिसि हय हिहिनाहीं। जनु बिनु पंख बिहग अकुलाहीं॥
दो०—नहिं तृन चरहिं न पिअहिं जलु मोचहिं लोचन बारि।
ब्याकुल भए निषाद सब रघुबर बाजि निहारि॥ १८॥
धरि धीरजु तब कहइ निषादू। अब सुमंत्र परिहरहु बिषादू॥
तुम्ह पंडित परमारथ ग्याता। धरहु धीर लखि बिमुख बिधाता॥
बिबिध कथा कहि कहि मृदु बानी। रथ बैठारेउ बरबस आनी॥
सोक सिथिल रथु सकइ न हाँकी। रघुबर बिरह पीर उर बाँकी॥

चरफराहि मग चलहि न घोरे। बन मृग मनहुँ आनि रथ जोरे॥
अढुकि परहिं फिरि हेरहिं पीछें। राम बियोगि बिकल दुख तीछें॥
जो कह रामु लखनु बैदेही। हिंकरि हिंकरि हित हेरहिं तेही॥
वाजि बिरह गतिकहि किमि जाती। बिनु मनि फनिक बिकल जेहि भाँती॥
दो०—भयउ निषादु बिषादबस देखत सचिव तुरंग।
बोलि सुसेवक चारि तब दिए सारथी संग॥ १९॥
गुह सारथिहिं फिरेउ पहुँचाई। बिरहु बिषादु बरनि नहिं जाई॥
चले अवध लेइ रथहिं निषादा। होहिं छनहिं छन मगन बिषादा॥
सोच सुमंत्र बिकल दुख दीना। धिग जीवन रघुबीर बिहीना॥
रहिहि न अंतहुँ अधम सरीरू। जसु न लहेउ बिछुरत रघुबीरू॥
भए अजस अघ भाजन प्राना। कवन हेतु नहिं करत पयाना॥
अहह मंद मनु अवसर चूका। अजहुँ न हृदय होत दुइ टूका॥
मोजि हाथ सिरु धुनि पछिताई। मनहुँ कृपन धन रासि गवाँई॥
बिरिद बाँधि बर बीरु कहाई। चलेउ समर जनु सुभट पराई॥
दो०—बिप्र बिबेका वेदबिद संमत साधु सुजाति।
जिमि धोखें मदपान कर सचिव सोच तेहि भाँति॥ २०॥
जिमि कुलीन तिय साधु सयानी। पतिदेवता करम मन बानी॥
रहै करम बस परिहरि नाहू। सचिव हृदयँ तिमि दारुन दाहू॥
लोचन सजल डाँठि भइं थोरी। सुनइ न श्रवन विकल मति भोरी॥
सूखहिं अधर लागि मुँह लाटी। जिउ न जाइ उर अवधि कपाटी॥
बिबरन भयउ न जाइ निहारी। मारेसि मनहुँ पिता महतारी॥
हानि गलानि बिपुल मन ब्यापी। जमपुर पंथ सोच जिमि पापी॥
बचनु न आव हदयँ पछिनाई। अबध काह मैं देखब जाई॥
राम रहित रथ देखिहि जोई। सकुचिहि मोहि बिलोकत सोई॥
छ०—इह पूँछिहहि मोहि जब बिकल नगर नर नारि।
उत्तर देब हैं सबहि तब हृदयँ बज्रु बैठारि॥ २१॥
पुछिहहिं दीन दुखित सब माता। कहब काह मैं तिन्हहि बिधाता॥
पूछिहि जबहिं लखन महतारी। कहिहउँ कवन सँदेस सुखारी॥

राम जननि जब आइहि धाई। सुमिरि बच्छु जिमि धेनु लवाई॥
पूँछत उतरु देब मैं तेही। गे बनु राम लखनु बैदेही॥
जोइ पूँछिहि तेहि ऊतरू देबा। जाइ अवध अब यहु सुखु लेबा॥
पूँछिहि जबहि राउ दुख दीना। जिवनु जासु रघुनाथ अधीना॥
देहउँ उतरु कौनु मुहु लाई। आयउँ कुसल कुअर पहुँचाई॥
सुनत लखन सिय राम संदेसू। तृन जिमि तनु परिहरिहि नरेसू॥
दो०—हृदय न बिदरेउ पक जिमि बिछुरत प्रीतमु नीरु।
जानत हौं मोहि दीन्ह बिधि यहु जातना सरीरु॥ २२॥
एहि बिधि करत पंथ पछितावा। तमसा तीर तुरत रथु आवा॥
बिदा किए करि बिनय निषादा। फिरे पाय परिं बिकल बिषादा॥
पैठत नगर सचिव सकुचाई। जनु मारेसि गुर बाँभन गाई॥
बैठि बिटप तर दिवसु गवाँवा। साँझ समय तब अवसरु पाया॥
अवध प्रवेसु कीन्ह अंधिआरें। पैठ भवन रथु राखि दुआरें॥
जिन्ह जिन्ह समाचार सुनि पाए। भूप द्वार रथु देखन आए॥
रथु पहिचानि बिकल लखि घोरे। गरहिं गात जिमि आतप ओरे॥
नगर नारि नर ब्याकुल कैसें। निघटत नीर मीनगन जैसें॥
दो०—सचिव आगमनु सुनत सबु बिकल भयउर निवासु।
भवनु भयंकरु लाग तहि मानहुँ प्रेत निवासु॥ २३॥
अति आरति सब पूँछहिं रानी। उतरु न आव बिकल भइ बानी॥
सुनइ न श्रवन नयन नहिं सूझा। कहहु कहाँ नृपु तेहि तेहि बूझा॥
दासिन्ह दीख सचिव बिकलाई। कौसल्या गृह गईं लवाई॥
जाइ सुमंत्र दीख कस राजा। अमिअ रहित जनु-चंदु बिराजा॥
आसन सयन बिभूषन हीना। परेउ भूमितल निपट मलीना॥
लेइ उसासु सोच एहि भाँति। सुरपुर तें जनु खंसेउ जजाती॥
लेत सोच भरि छिन छिनु छाती। जनु जरि पंख परेउ संपाती॥
राम राम कह राम सनेही। पुनि कह राम लखन बैदेही॥
दो०—देखि सचिव जय जीव कहि कीन्हेउ दंड प्रनामु।
सुनत उठेउ ब्याकुल नृपति कहु सुमंत्र कहं रामु॥ २४॥

भूप सुमंत्रु लीन्ह उर लाई। बूड़त कछु अधार जनु पाई॥
सहित सनेह निकट बैठारी। पूँछत राउ नयन भरि बारी॥
राम कुसल कहु सखा सनेही। कहँ रघुनाथु लखनु बैदेही॥
आने फेरि कि बनहि सिधाए। सुनत सचिव लोचन चल छाए॥
सोक विकल पुनि पूँछ नरेसू। कहु सिय राम लखन संदेसू॥
राम रूप गुन सील सुभाऊ। सुमिरि सुमिरि उर सोचत राऊ॥
राउ सुनाइ दीन्ह बनवासू। सुनि मन भयउ न हरषु हराँसू॥
सो सुत बिछुरत गए न प्राना। को पापी बड़ मोहि समाना॥
दो०—सखा रामु सिया लखनु जहाँ तहाँ मोहि पहुँचाउ।
नाहि त चाहत चलन अब प्रान कहउँ सतिभाउ॥ २५॥
पुनि पुनि पूँछत मंत्रिहि राऊ। प्रियतम सुअन सँदेस सुनाऊ॥
करहि सखा सोइ बेगि उपाऊ। रामु लखनु सिय नयन देखाऊ॥
सचिव धीर धरि कह मृदु बानी। महाराज तुम्ह पंडित ज्ञानी॥
बीर सुधीर धुरंधर देखा। साधु समाजु तुम्ह सेवा॥
जनम मरन सब दुख सुख भोगा। हानि लाभु प्रिय मिलन वियोगा॥
काल करम बस होहिं गोसाईं। बरबस राति दिवस की नाईं॥
सुख हरषहिं जड़ दुख विलखाहीं। दोउ सम धीर धरहिं मन माहीं॥
धीरज धरहु बिबेकु बिचारी। छाड़िअ सोच सकल हितकारी॥
दो०—प्रथम बासु तमसा भयउ दूसर सुरसरि तीर।
न्हाइ रहे जलपानु करि सिअ समेत दोउ बीर॥ २६॥
केवट कीन्हि बहुत सेवकाई। सो जामिनि सिंगरौर गवाँई॥
होत प्रात बट छीरु मगावा। जटा मुकुट निज सीस बनावा॥
राम सखाँ तब नाव मगाई। प्रिया चढ़ाइ चढ़े रघुराई॥
लखन बान धनु धरे बनाई। आपु चढ़े प्रभु आयसु पाई॥
बिकल बिलोकि मोहि रघुवीरा। बोले मधुर बचन धरि धीरा॥
तात प्रनामु तात सन कहेहू। बार बार पद पंकज गहेहू॥
करबि पायँ परि विनय बहोरी। तात करिअ जनि चिंता मोरी॥
बन मग मंगल कुशल हमारें। कृपा अनुग्रह पुन्य तुम्हारें॥

छं०—तुम्हारें अनुग्रह तात कानन जात सब सुखु पाइहौं।
प्रतिपालि आयसु कुसल देखन पाय पुनि फिरि आइहौं॥
जननी सधल परितोषि परि परि पायँ करि बिनती धनी।
तुलसी करेहु सोइ जतनु जेहिं कुसली रहहिं कोसलधनी॥
सो०—गुर सन कहब सँदेसु बार बार पद पदुम गहि।
करब सौइ उपदेसु जेहिं न सोच मोहि अवधपति॥ २७॥
पुरजन परिजन सकल निहोरी। तात सुनाएहु बिनती मोरी॥
सोइ सब भाँति मोर हितकारी। जातें रह नरनाहु सुखारी॥
कहब झँदेसु भरत के आएँ। नीति न तजिअ राजपद पाएँ॥
पालेहु प्रजहि करम मन बानी। सेएहु मातु सकल सम जानी॥
ओर निबाहेहु भायप भाई। करि पितु मातु सुंजन सेवकाई॥
तात भाँति तेहि राखब राऊ। सीच मोर जेहिं करै न काऊ॥
लखन कहे कछु बचन कठोरा। बरजि राम पुनि मोहि निहोरा॥
बार बार निज सपथ देवाई। कहबि न तात लखन लरिकाई॥
दो०-कहि प्रनामु कछु कहन लिय सिय भइ सिथिल सनेह।
थकित वचन लोचन सजल पुलक पल्लवित देह॥ २८॥
तेहि अवसर रघुबर रुख पाई। केवट पारहि नाव चलाई॥
रघुकुलतिलक चले एहि भाँती। देखउँ ठाढ़ कुलिस धरि छाती॥
मैं आपन किमि कहौं कलेसू। जिअत फिरेउँ लेइ राम सँदेसू॥
अस कहि सचिब बचन रहि गयऊ। हानि गलानि सोच बस भयऊ॥
सूत बचन सुनतहिं नरनाहू। परेउ धरनि उर दारुन दाहू॥
तलफत विषम मोह मन मापा। माजा मनहुँ मीन कहुँ ब्यापा॥
करि विलाप सब रोवहि रानी। महा बिपति किमि जाइ बखानी॥
सुनि बिलाप दुखहू दुखुं लागा। धीरजहू कर धीरजु भागा॥
दो०—भयउ कोलाहलु अबध अति सुनि नृप राउर सोरु।
बिपुल बिहग बन परेउ निसि मानहूँ कुलिस कठोरु॥ २९॥
प्रान कंठगत भयउ भुआलू। मनि बिहीन जन ब्याकुल ब्यालू॥
इंद्रीं सकल बिकल भईं भारी। जनु सर सरसिज बनु बिनु बारी॥

कौसल्याँ नृपु दीख मलाना। रबिकुल रवि अंथयउ जि जाना॥
उर धरि धीर राम महतारी। बोली बचन समय अनुसारी॥
नाथ समुझि मन करिअ बिचारू। राम वियोग पयोधि अपारू॥
करनधार तुम्ह अवध जहाजू। चढ़ेउ सकल प्रिय पथिक समाजू॥
धीरजु धरिअ त पाइज पारू। नाहि त बूड़िहि सबु परिवारू॥
जौं जियँ धरिय बिनय पिय मोरी। रामु लखनु सिय मिलहिं बहोरी॥
दो०—प्रिया बचन मृदु सुनत नृपु चितयउ आँखि उघारि॥
तलफत मीन मलीन जनु सींचत सीतल बारि॥ ३०॥
धरि धीरजू उठि बैठ भूआलू। कहू सुमंत्र कहँ राम कृपालू॥
कहाँ लखनु कहँ रामु सनेही। कहँ प्रिय बधू पुत्र बैदेही॥
बिलपत राउ बिकल बहु भाँती। भइ जुग सरिस सिराति न राती॥
तापस अंध साप सुधि आई। कौसल्यहि सब कथा सुनाई॥
भयउ बिकल बरनत इतिहासा। राग रहित धिग जीवन आसा॥
सो तनु राखि करब मैं काहा। जेहिं न प्रेम पनु मोर निबाहा॥
हा रघुनंदन प्रान पिरीते। तुम्ह बिनु जिअत बहुत दिन बीते॥
हा जानकी लखन हा रघुबर। हा पितु हित चित चातक जलधर॥
दो०—राम राम कहि राम कहि राम राम कहि राम।
तनु परिहरि रघुबर बिरहँ राउ गयउ सुरधाम॥ ३१॥
जिअन मरन फलु दशरथ पावा। अड अनेक अमल जसु छावा॥
जिअत राम बिधु बदनु निहारा। राम बिरह करि मरनु सवारा॥
सोक बिकल सब रोवहिं रानी। रूपु सालु बलु तेजु बखानी॥
करहिं बिलाप अनेक प्रकारा। परहिं भूमितल बारहिं बारा॥
बिलपहि बिकल दास अरु दासी। घर घर रुदनु करहिं पुरबासी॥
अँथयउ आजु भानुकुल भानू। धरग अवधि गुन रूप निधानू॥
गारीं सकल कैकइहि देही। नयन बिहान कान्ह जग जेही॥
एहि बिधि बिलपत रैनि बिहानी। आए सकल महामुनि ग्यानी॥
दो०—तब बसिष्ठ मुनि समय सम कहि अनेक इतिहास।
सोक नेवारेउ सबहि कर निज बिग्यान प्रकास॥

तेल नाँव भरि नृप तनु राखा। दूत बोलाइ बहुरि अस भाषा॥
धावहु बेगि भरत पहिं जाहू। नृप सुधि कतहुँ कहहु जनि काहू॥
एतनेइ कहेहु भरत सन जाई। गुरु बोलाइ पठयउ दोउ भाई॥
सुनि सुनि आयसु धावन धाए। चले बेग बर बाजि लजाए॥
अनरथु अवध अरंभेउ जब तें। कुसगुन होहि करहिं कहुँ तब तें॥
देखिहिं राति भयानक सपना। जागि करहिं कटु कोटि कलपना॥
बिप्र जेवाँइ देहिं दिन दाना। सिव अभिषेक करहिं बिधि नाना॥
मागहिं हृदय महेस मनाई। कुसल मातु पितु परिजन भाई॥
दो०—एहि बिधि सोचत भरत मन धावन पहुँचे आइ।
गुर अनुसासन श्रवन सुनि चले गनेसु मनाइ॥ ३३॥
चले समीर बेग हय हाँके। नाघत सरित सैल बन बाँके॥
हृदयँ सोचु बड़ कछु न सोहाई। अस जानहिं जियँ जाउँ उड़ाई॥
एक निमेष बरष सम जाई। एहि बिधि भरत नगर निअराई॥
असगुन होहिं नगर पैठारा। रटहिं कुभाँति कुखेत करारा॥
खर सिआर बोलहिं प्रतिकूला। सुनि सुनि होइ भरत मन सूला॥
श्रीहत सर सरिता बन बागा। नगरु बिसेषि भयावनु लागा॥
खग मृग हय गय जाहिं न जोंए। राम वियोग कुरोग बिगोए॥
नगर नारि नर निपट दुखारी। मनहुँ सबन्हि सब संपति हारी॥
दो०—पुरजन मिलहिं न कहहिं कछु गवँहिं जोहारहिं जाहिं।
भरत कुसल पूँछि न सकहिं भय बिषाद मन माहिं॥ ३४॥
हाट बाट नहिं जाइ निहारी। जनु पुर दहँ दिसि लागि दवारी॥
आवत सुत सुनि कैकयनंदिनि। हरषी रबिकुल जलरुह चंदिनि॥
सजि आरती मुदित उठि धाई। द्वारेहिं भेंटि भवन लेइ आई॥
भरत दुखित परिवारु निहारा। मानहुँ तुहिन बनज बनु मारा॥
कैकेई हरषित एहि भाँती। मनहुँ मुदित दव लाइ किराती॥
सुतहि सकोच देखि मनु मारें। पूँछति नैहर कुसल हमारें॥
सकल कुसल कहि भरत सुनाई। पूँछी निज कुल कुसल भलाई॥
कहु कहँ तात कहाँ सब माता। कहँ सिय राम लखन प्रिय भ्राता॥

दो०—सुनि सुत बचन सनेहमय कपट नीर भरि नैन।
भरत श्रवन मन सूल सम पापिनि बोली बैन॥ ३५॥
तात बात मैं सकल सँवारी। भै मंथरा सहाय बिचारी॥
कछुक काज बिधि बीच बिगारेउ। भूपति सुरपति पुर पगु धारेउ॥
सुनत भरतु भए बिबस बिषादा। जनु सहमेउ करि केहरि नादा॥
तात तात हा तात पुकारी। परे भूमितल ब्याकुल भारी॥
चलत न देखन पायउँ तोही। तात न रामहि सौंपेहु मोही॥
बहुरि धीर धरि उठे सँभारी। कहु पितु मरन हेतु महतारी॥
सुनि सुत बचन कहति कैकेई। मरमु पाँछि जनु माहुर देई॥
आदिहु तें सब आपनि करनी। कुटिल कठोर मुदित मन बरनी॥
दो०—भरतहि बिसरेउ पितु मरन सुनत राम बन गौनु।
हेतु अपनपउ जानि जियँ थकित रहे धरि मौनु॥ ३६॥
बिकल बिलोकि सुतहि समुझावति। मनहुँ जरे पर लोनु लगावति॥
तात राउ नहिं सोचै जोगू। बिढ़इ सुकृत जसु कीन्हेउ भोगू॥
जीवत सकल जनम फल पाए। अंत अमरपति सदन सिधाए॥
अस अनुमानि सोच परिहरहू। सहित समाज राज पुर करहू॥
सुनि सुठि सहमेउ राजकुमारू। पाकें छत जनु लाग अँगारू॥
धीरज धरि भरि लेहिं उसासा। पापिनि सबहि भाँति कुल नासा॥
जौं पै कुरुचि रही अति तोही। जनमत काहे न मारे मोही॥
पेड़ काटि तैं पालउ सींचा। मीन जिअन निति बारि उलीचा॥
दो०—हंसबंसु दसरथु जनकु राम लखन से भाइ।
जननी तूँ जननी भई विधि सन कछु न बसाइ॥ ३७॥
जब तै कुमति कुमत जियँ ठयऊ। खंड खंड होइ हृदउ न गयऊ॥
बर मागत मन भइ नहिं पीरा। गरि न जीह मुहँ परेउ न कीरा॥
भूपँ प्रतीति तोरि किमि कीन्ही। मरन काल बिधि मति हरि लीन्ही॥
बिधिहुँ न नारि हृदय गति जानी। सकल कपट अघ अवगुन खानी॥
सरल सुसील धरम रत राऊ। सो किमि जानै तीय सुभाऊ॥
अस को जीव जंतु जग माहीं। जेहि रघुनाथ प्रानप्रिय नाहीं॥

भे अति अहित रामु तेउ तोही। को तू अहसि सत्य कहु मोही॥
जो हाँस सो हसि मुहँ मसि लाई। आँखि ओट उठि बैठहि जाई॥
दो०—राम बिरोधी हृदय तें प्रगट कीन्ह बिधि मोहि।
मो समान को पातकी बादि कहउँ कछु तोहि॥ ३८॥
सुनि सत्रुघन मातु कुटिलाई। जरहिं गात रिस कछु न बसाई॥
तेहि अवसर कुबरी तहँ आई। बसन बिभूषन बिबिध बनाई॥
लखि रिस भरेउ लखन लघु भाई। बरत अनल घृत आहुति पाई॥
हुमगि लात तकि कूबर मारा। परि मुह भर महि करत पुकारा॥
कूबर टूटेउ फूट कपारू। दलित दमन मुख रुधिर प्रचारू॥
आह दइअ मैं काह नसावा। करत नीक फलु अनइस पावा॥
सुनि रिपुहन लखि नख सिख खोटी। लगे घसीटन धरि धरि झोंटी॥
भरत दयानिधि दीन्हि छड़ाई। कौसल्या पहिं गे दोउ भाई॥
दो०—मलिन बसन बिबरन बिकल कृस संरीर दुख भार।
कनक कलप बर बेलि बन मानहुँ हनी तुसार॥ ३९॥
भरतहि देखि मातु उठि धाई। मुरुछित अवनि परी झइँ आई॥
देखत भरतु बिकल भए भारी। परे चरन तन दसा बिसारी॥
मातु तात कहँ देहि देखाई। कहँ सिय रामु लखनु दोउ भाई॥
कैकइ कत जनमी जग माझा। जौं जनमित भइ काहे न बाँझा॥
कुल कलंकु जेहि जनमेउ मोही। अपजस भाजन प्रियजन द्रोही॥
को तिभुवन मोहि सरिस अभागी। गति असि तोरि मातु जेहि लागी॥
पितु सुरपुर बन रघुबर केतू। मैं केवल सब अनरथ हेतू॥
धिग मोहि भयउँ बेनु बन आगी। दुसह दाह दुख दूषन भागी॥
दो०—मातु भरत के बचन मृदु सुनि पुनि उठी सँभारि।
लिए उठाइ लगाइ उर लोचन मोचति बारि॥ ४०॥
सरल सुभाय मायँ हियँ लाए। अति हित मनहुँ राम फिरि आए॥
भेंटेउ बहुरि लखन लघु भाई। सोकु सनेहु न हृदयँ समाई॥
देखि सुभाउ कहत सबु कोई। राम मातु अस काहे न होई॥
माताँ भरतु गोद बैठारे। आँसु पोंछि मृदु बचन उचारे॥

अजहुँ बच्छ बलि धीरज धरहू। कुसमउ समुझि सोक परिहरहू॥
जनि मानहुँ हियँ हानि गलानी। काल करम गति अघटित जानी॥
काहुहि दोसु देहु जनि ताता। भा मोहि सब बिधि बाम बिधाता॥
जो ऐतहुँ दुख मोहि जिआवा। अजहुँ को जानइ का तेहि भावा॥
दो०—पितु आयस भूषन बसन तात तजे रघुबीर।
बिसमउ हरषु न हृदयँ कछु पहिरे बलकल चीर॥ ४१॥
मुख प्रसन्न मन रंग न रोषू। सब कर सब बिधि करि परितोषू॥
चले बिपिन सुनि सिय सँग लागी। रहइ न राम चरन अनुरागी॥
सुनतहिं लखनु चले उठि साथा। रहहिं न जतन किये रघुनाथा॥
तब रघुपति सबही सिरु नाई। चले संग सिय अरु लघु भाई॥
राम लखनु सिय बनहिं सिधाए। गयउँ न संग न प्रान पठाए॥
यहु सबु भा इन्ह आँखिन्ह आगें। तउ न तजा तनु जीव अभागें॥
मोहि न लाज निज नेहु निहारी। राम सरिस सुत मैं महतारी॥
जिऐ मरै भल भूपति जाना। मोर हृदय सत कुलिस समाना॥
दो०—कौसल्या के बचन सुनि भरत सहित रनिवासु।
ब्याकुल बिलपत राजगृह मानहुँ सोक नेवासु॥ ४२॥
बिलपहिं बिकल भरत दोउ भाई। कौसल्याँ लिए हृदय लगाई॥
भाँति अनेक भरतु समुझाए। कहि बिबेकमय बचन सुनाए॥
भरतहुँ मातु सकल समुझाईं। कहि पुरान श्रुति कथा सुहाई॥
छल बिहीन सुचि सरल सुबानी। बोले भरत जोरि जुग पानी॥
जे अघ मातु पिता सुत मारें। गाइ गोठ महिसुर पुर जारें॥
जे अघ तिय बालक बध कीन्हें। मीत महीपति माहुर दीन्हें॥
जे पातक उपपातक अहहीं। करम बचन मन भव कबि कहहीं॥
ते पातक मोहि होहुँ बिधाता। जौं यहु होइ मोर मत माता॥
दो०—जे परिहरि हरि हर चरन भजहिं भूतगन घोर।
तेहि कइ गति मोहि देउ बिधि जौं जननी मत मोर॥ ४३॥
बेचहिं बेदु धरमु दुहि लेहीं। पिसुन पराय पाप कहि देहीं॥
कपटी कुटिल कलहप्रिय क्रोधी। बेद बिदूषक बिस्व बिरोधी॥

लोभी लंपट लोलुपचारा। जे ताकहिं परधनु परदारा॥
पावौं मैं तिन्ह कै गति घोरा। जौ जननी यहु संमत मोरा॥
जे नहिं साधुलग अनुरागे। परमारथ पथ बिमुख अभागे॥
जे न भजहि हरि नरतनु पाई। जिन्हहिं न हरिहर सुजसु सोहाई॥
तजि श्रुति पंथु बाम पथ चलहीं। बंचक बिरचि बेष जगु छलहीं॥
तिन्ह कै गति मोहि संकर देऊ। जननी जौं यहु जानौं मेऊ॥
दो०—मातु भरत के वचन सुनि साँचे सरल सुभायँ।
कहति राम प्रिय तात तुम्ह सदा बचन मन कायँ॥ ४४॥
राम प्रानहु तें प्रान तुम्हारे। तुम्ह रघुपतिहि प्रानहु तें प्यारे॥
बिधु बिष चवै स्त्रवै हिमु आगी। होइ वारिचर वारि बिरागी॥
भएँ ग्यानु बरु मिटै न मोहू। तुम्ह रामहि प्रतिकूल न होहू॥
मत तुम्हार यहु जो जग कहहीं। सो सपनेहुँ सुख सुगति न लहहीं॥
अस कहि मातु भरतु हिंयँ लाए। थन पय स्त्रवहिं नयन जल छाए॥
करत बिलाप बहुत यहि भाँती। बैठेहिं बीति गई सब राती॥
बामदेव वसिष्ठ तब आए। सचिव महाजन सकल बोलाए॥
मुनि बहु भाँति भरत उपदेसे। कहि परमारथ बचन सुदेसे॥
दो०—तात हृदयँ धीरजु धरहु करहु जो अवसर आजु।
उठे भरत गुर बचन सुनि करन कहेउ सबु साजु॥ ४५॥
नृपतनु बेद बिदित अन्हवावा। परम बिचित्र विमानु बनावा॥
गहि पद भरत मातु सब राखी। रहीं रानि दरसन अभिलाषी॥
चंदन अगर भार बहु आए। अमित अनेक सुगंध सुहाए॥
सरजु तीर रचि चिता बनाई। जनु सुरपुर सोपान सुहाई॥
एहि बिधि दाह क्रिया सब कीन्ही। बिधिवत न्हाइ तिलांजुलि दीन्ही॥
सोधि सुमृति सब बेद पुराना। कीन्ह भरत दसगात बिधाना॥
जहँ जस मुनिबर आयसु दीन्हा। तहँ तस सहस भांति सबु कीन्हा॥
भए बिसुद्ध दिए सब दाना। धेनु बाजि गज बाहन नाना॥
दो०—सिंघासन भूषन बसन अन्न धरनि धन धाम।
दिए भरत लहि भूमिसुर भे परिपूरन काम॥ ४६॥

पितु हित भरत कीन्हि जसि करनी। सो मुख लाख जाइ नहिं बरनी॥
सुदिनु सोधि मुनिबर तब आए। सचिव महाजन सकल बोलाए॥
बैठे राजसभाँ सब जाई। पठए बोलि भरत दोउ भाई॥
भरतु बसिष्ठ निकट बैठारे। नीति धरम मय बचन उचारे॥
प्रथम कथा सब मुनिबर बरनी। कैकइ कुटिल कीन्हि जसि करनी॥
भूप धरम ब्रतु सत्य सराहा। जेहिं तनु परिहरि प्रेमु निबाहा॥
कहत राम गुन सील सुभाऊ। सजल नयन पुलकेउ मुनिराऊ॥
बहुरि लखन सिय प्रीति बखानी। सोक सनेह मगन मुनि ग्यानी॥
दो०—सुनहु भरत भावी प्रबल बिलखि कहेउ मुनिनाथ।
हानि लाभु जीवनु मरनु जसु अपजसु बिधि हाथ॥ ४७॥
अस बिचारि केहि देइअ दोसू। ब्यरथ काहि पर कीजिअ रोसू॥
तात बिचारु करहु मन माहीं। सोच जोगु दसरथु नृपु नाहीं॥
सोचिअ बिप्र जो बेद बिहीना। तजि निज धरमु बिषय लयलीना॥
सोचिअ नृपति जो नीति न जाना। जेहि न प्रजा प्रिय प्रान समाना॥
सोचिअ बयसु कृपन धनवानू। जो न अतिथि सिय भगति सुजानू॥
सोचिअ सूद्रु बिप्र अवमानी। मुखर मानप्रिय ग्यान गुमानी॥
सोचिअ पुनि पति बंचक नारी। कुटिल कलहप्रिय इच्छाचारी॥
सोचिअ बटु निज ब्रतु परिहरई। जो नहिं गुर आयसु अनुसरई॥
दो०—सोचिअ गृही जो मोह बस करइ करम पथ त्याग।
सोचिअ जती प्रपंच रत बिगत बिबेक बिराग॥ ४८॥
बैखानस सोइ सोचै जोगू। तपु बिहाइ जेहि भावइ भोगू॥
सोचिअ पिसुन अकारन क्रोधी। जननि जनक गुर बंधु बिरोधी॥
सब बिधि सोचिअ पर अपकारी। निज तनु पोषक निरदय भारी॥
सोचनीय सबहीं बिधि सोई। जो न छाड़ि छलु हरि जन होई॥
सोचनीय नहिं कोसलराऊ। भुवन चारिदस प्रगट प्रभाऊ॥
भयउ न अहइ न अब होनिहारा। भूप भरत जस पिता तुम्हारा॥
बिधि हरि हरु सुरपति दिसिनाथा। बरनहिं सब दसरथ गुन गाथा॥

दो०—कहहु तात केहि भाँति कोउ करिहि बड़ाई तासु।
राम लखन तुम्ह सत्रुहन सरिस सुअन सुचि जासु॥ ४९॥
सब प्रकार भूपति बड़भागी। बादि बिषादु करिअ तेहि लागी॥
यहु सुनि समुझि सोचु परिहरहू। सिर धरि राज रजायसु करहू॥
रायँ राजपदु तुम्ह कहुँ दीन्हा। पिता बचनु फुर चाहिअ कीन्हा॥
तजे रामु जेहिं बचनहि लागी। तनु परिहरेउ राम बिरहागी॥
नृपहि बचन प्रिय नहिं प्रिय प्राना। करहु तात पितु बचन प्रवाना॥
करहु सीस धरि भूप रजाई। हइ तुम्ह कहँ सब भाँति भलाई॥
परसुराम पितु अग्या राखी। मारी मातु लोक सब साखी॥
तनय जजातिहि जौबनु दयऊ। पितु अग्याँ अघ अजसु न भयऊ॥
दो०—अनुचित उचित बिचारु तजि जे पालहिं पितु बैन।
ते भाजन सुख सुजस के बसहिं अमरपति ऐन॥ ५०॥
अवसि नरेस बचन फुर करहू। पालहू प्रजा सोकु परिहरहू॥
सुरपुर नृपु पाइहि परितोषू। तुम्ह कहुँ सुकृतु सुजसु नहिं दोषू॥
बेद बिदित संमत सबहीं का। जेहि पितु देइ सो पावइ टीका॥
करहु राजु परिहरहु गलानी। मानहु मोर बचन हित जानी॥
सुनि सुखु लहब राम बैदेहीं। अनुचित कहब न पंडित केहीं॥
कौसल्यादि सकल महतारीं। तेउ प्रजा सुख होहिं सुखारीं॥
परम तुम्हार राम कर जानिहि। सो सब बिधि तुम्ह सन भल मानिहि॥
सौंपेहु राजु राम के आएँ। सेवा करेहु सनेह सुहाएँ॥
दो०—कीजिअ गुर आयसु अवसि कहहिं सचिव कर जोरि।
रघुपति आएँ उचित जस तस तब करब बहोरि॥ ५१॥

•

बिहारी

बिहारी रत्नाकर

अपने अँग के जानि कै जोबन-नृपति प्रबीन।
स्तन, मन, नैन, नितंब कौ बड़ौ इजाफा कीन॥ १॥
अर तै टरत न बर-परे; दई मरक मनु मैन।
होड़ाहोड़ी बढ़ि चले चितु, चतुराई, नैन॥ २॥
औरै-ओप कनीनिकनु गनी घनी-सिरताज।
मनँधनी के नेह क़ी बनीं छनीं पट लाज॥ ३॥
सनि-कज्जल चख-झख-लगन उपज्यौ सुदिन सनेहु।
क्यों न नृपति ह्वै भोगवै लहि सुदेसु सबु देहु॥ ४॥
सालति है नटसाल सी, क्यों हूँ निकसति नाँहि।
मनमथ-नेजा-नोक सी खुभी खुभी जिय माँहि॥ ५॥
जुवति जोन्ह मैं मिलि गई, नेक न होति लखाइ।
सौंधे कैं डोरैं लगी अली चलो सँग जाइ॥ ६॥
हौं रीझी, लखि रीझिहौ छबिहिं छबीले लाल।
सोनजुही सी ह्वोति दुति-मिलत मालती माल॥ ७॥
बहके, सब जिय की कहत, ठौरु कुठौरु लखैं न।
छिन औरै, छिन और से, ए छबि छाके नैन॥ ८॥
फिरि फिरि चितु उत हीं रहतु, टूटी लाज की लाव।
अंग-अंग-छबि-झौंर मैं भयौ भौंर की नाव॥ ९॥
नीकी दई अनाकनी, फीकी परी गुहारि।
तज्यौ मनौ तारन-बिरदु बारक बारनु तारि॥ १०॥

चितई ललचौहैं चखनु डटि घूंघट-पट माँह।
छल सौं चली छुवाइ कै छिनकु छबीली छाँह॥ ११॥
जोग-जुगति सिखए सबै मनौ महामुनि मैन।
चाहत पिय अद्वैतता काननु सेवत नैन॥ १२॥
खरी पातरी कान की, कौन बहाऊ बानि॥
आक-कली न रली करै अली, अली, जिय जानि॥ १३॥
पिय-बिछुरन कौ दुसहु दुखु, हरषु जात प्यौसार।
दुरजोधन लौं देखियति तजत प्रान इहि बार॥ १४॥
झीनैं पट मैं झुलमुली झलकति ओप अपार।
सुरतरु की मनु सिंधु मैं लसति सपल्लव डार॥ १५॥
डारे ठोड़ी-गाड़, गहि नैन-बटोही, मारि।
चेलक चौंध मैं रूप-ठग, हाँसी-फाँसी डारि॥ १६॥
कीनै हूँ कोरिक जतन अब कहि काढ़ै कौनु।
भो मन मोहन-रूपु मिलि पानी मैं कौ लौनु॥ १७॥
लाग्यो सुमनु ह्वै है सफलु, आतप-रोसु निवारि।
बारी, बारी आपनी सींचि सुहृदता-बारि॥ १८॥
अजौं तरयौना हीं रह्यौ श्रुति सेवत इक-रंग।
नाक-बास बेसरि लह्यौ बसि मुकुतनु कैं संग॥ १९॥
जम-करि-मुँह-तरहरि परयो, इहिं धरहरि चित लाउ।
बिषय-तृषा परिहरि अजौं नरहरि के गुन गाउ॥ २०॥
पलनु पीक, अंजनु अधर, धरे महावरु भाल।
आजु मिले, सु भली करी; भले बने हो लाल॥ २१॥
लाज-गरब-आलस-उमग-भरे नैन मुसकात।
राति-रमी रति देति कहि ओरै प्रभा प्रभात॥ २२॥
पति रति की बतियाँ कहीं, सखी लखी मुसकाइ।
कै कै सबै टलाटलीं, अलीं चलीं सुखु पाइ॥ २३॥
तो पर वारौं, उरबसी, सुनि, राधिके सुजान।
तू मोहन कैं उर बसी ह्वै उरबसी-समान॥ २४॥

कुच-गिरि चढ़ि, अति थकित ह्वै, चली डीठि मुँह-चाड़।
फिरि न टरी, परियै रही, गिरी चिबुक की गाड़॥ २५॥
बेधक अनियारे नयन, बेधत करि न निषेधु।
बरबट बेधतु मो हियौ तो नासा कौ बेधु॥ २६॥
लौनैं मुहुँ दीठि न लगै, यौं कहि दीनौ ईठि।
दूनी ह्वै लागन लगी, दियैं दिठौना, दीठि॥ २७॥
चितवनि रूखे दृगनु की, हाँसी-बिनु मुसकानि।
मानु जनायौं मानिनी, जानि लिया पियौ जानि॥ २८॥
सब ही त्यौं समुहाति छिनु, चलति सबनु दै पीठि।
वाहीं त्यौं ठहराति यह, कविलनवी लौं, दीठि॥ २९॥
कौन भाँति रहिहै बिरदु अब देखिवी, मुरारि।
बीधे मोसौं आइ कै गीधे गीधहि तारि॥ ३०॥

•

घनआनंद

घनआनंद-कवित्त

(उपक्रम-कवि-प्रशस्ति)

सवैया

नेही महा, ब्रजभाषा-प्रबीन औ सुन्दरतानि के भेद कों जानै।
जोग-बियोग को रीति मैं कोबिद, भावना भेद-स्वरूप कों ठानै।
चाह के रंग मैं भीज्यो हियौ, बिछुरें-मिलें प्रीतम सांति न मानै।
भाषा-प्रवीन, सुछंद सदा रहै, सो घन जी के कबित्त बखानै॥ १॥
प्रेम सदा अति ऊँचो लहै सु कहै इहि भाँति की बात छकी।
सुनि कै सब के मन लालच दौरे, पै बौरे लखैं सब बुद्धि-चकी
जग की कबिताई के धोखें रहै ह्याँ प्रबीनन की मति जाति जकी।
समुझै कविता घनआनँद की हिय आँखिन नेह की पीर तकी॥ २॥

(मूल ग्रन्थ)

कवित्त

लाजनि लपेटी चितवनि भेद-भाय-भरी,
लसति ललित लोल-चख-तिरछानि मैं।
छबि को सदन गोरो बदन, रुचिर भाल,
रस निचुरत मीठी मृदु मुसक्यानि मैं।
दसन-दमक फैलि हियें मोती-माल होति,
पिय सों लड़कि प्रेम-पगी बतरानि मैं।
आनँद की निधि जगमगति छबीली बाल,
अंगनि अनंग-रंग ढुरि मुरि जानि मैं॥ १॥

सवैया

झलकै अति सुंदर आनन गौर, छके दृग राजत काननि छ्वै।
हँसि बोलन मैं छबि-फूलन की बरषा, उर-ऊपर जाति है ह्वै।
लट लोल कपोल कलोल करै, कल कंठ बनी जलजावलि द्वै।
अँग-अंग तरंग उठै दुति की, परिहै मनौ रूप अबै धर च्वै॥ २॥

कवित्त

छबि को सदन, मोदमंडित बदन-चंद,
तृषित चखनि लाल, कब धौं दिखायहौ।
चटकीलो भेख करे, मटकीली भाँति सों ही,
मुरली अधर धरें लटकत आयहौ।
लोचन ढुराय, कछू मृदु मुसक्याय, नेह,
भीनी बतियानि लड़काय बतरायहौ।
बिरह-जरत जिय जानि, आनि प्रानप्यारे,
कृपानिधि, आनँद को घन बरसायहौ॥ ३॥

वहै मुसक्यानि, वहै मृदु बतरानि, वहै,
लड़कीली बानि आनि उर मैं अरति है।
वहै गति लैन, ओ बजावनि ललित बैन,
वहै हँसि दैन हियरा तें तन टरति है।
वहै चतुराई सों चिताई चाहिबे की छबि,
वहै छैलताई न छिनक बिसरति है।
आनंदनिधान प्रानप्रीतम सुजान जू की,
सुधि सब भाँतिन सो बेसुधि करति है॥ ४॥

जासों प्रीति ताहि निठुराई सों निपट नेह,
कैसें करि जिय की जरनि सो जताइयै।
महा निरदई, दई कैसें कै जिवाऊँ जीव,
बेदन की बढ़वारि कहाँ लौं दुराइयै।

दुख को बखान करिबे कौं रसना कैं होति,
ऐपै कहुँ वाको मुख देखन न पाइयै।
रैन दिन चैन को न लेस कहूँ पैयै, भाग,
आपने ही ऐसे, दोष काहि धौं लगाइयै॥ ५॥

सवैया

भोर तें साँझ लौं कानन ओर निहारति बावरी नेकु न हारति।
साँझ तें भोर लौं तारनि ताकिबो तारनि सों इकतार न टारति।
जौ कहूँ भावतो दीठि परै घनआनँद आँसुनि औसर गारति।
मोहन सोंहन जोहन की लगियै रहै आँखिन के उर आरति॥ ६॥

कवित्त

भए अति निठुर, मिटाय पहिचानि डारी
याही दुख हमैं जक लागी हाय हाय है।
तुम तौ निपट निरदई, गई भूलि सुधि,
हमैं सूल-सेलनि सो क्यौं हूँ न भुलाय है।
मीठे-मीठे बोल बोलि, ठगी पहिलें तौ तब,
अब जिय जारत, कहौ धौं कौन न्याय है।
सुनी है कै नाहीं, यह प्रगट कहावति जू,
काहू कलपायहै सु कैसें कल पायहै॥ ७॥

सवैया

हीन भएँ जल मीन अधीन, कहा कछु मो अकुलानि समानै।
नीर सनेही कों लाय कलंक निरास ह्वै कायर त्यागत प्रानै।
प्रीति की रीति सु क्यौं समुझै जड़, मीत के पानि परे कों प्रमानै।
या मन की जु दसा, घनआनँद जीव की जीवनि जान ही जानै॥ ८॥
मीत सुजान अनीत करौ जिन, हा हा न हूजियै मोहि अमोही।
दीठि कौं और कहूँ नहिं ठौर, फिरी दृग रावरे रूप की दोही।
एक बिसास की टेक गहें लगि आस रहे बसि प्रान बटोही।
हौ घनआनँद जीवनमूल दई! कित प्यासनि मारत मोही॥ ९॥

पहिले घनआनँद सींचि सुजान कहीं बतियाँ अति प्यार-पगी।
अब लाय बियोग की लाय, बलाय बढ़ाय, बिसास-दग़ानि दगी।
अँखियाँ दुखियानि कुबानि परी, न कहूँ लगै कौन घरी सु लगी।
मति दौरि थकी, न लहै ठिक ठौर, अमोही के मोह मिठास ठगी॥ १०॥
क्यौं हँसि हेरि हरयौ हियरा, अरु क्यौं हितकै चित चाह बढ़ाई।
काहे कों बेलि सुधासने बैननि चैननि मैन निसैन चढ़ाई।
सो सुधि मो हिय मैं घनआनँद सालति क्यौं हूँ कढ़ै न कढ़ाई।
मीत सुजान अनीत की पाटी, इते पै न जानियै कौनैं पढ़ाई॥ ११॥

कवित्त

प्रीतम सुजान मेरे हित के निधान, कहौ
कैसें रहैं प्रान जौ अनखि अरसायहौ।
तुम तौ उदार दीन हीन आनि परयौ द्वार,
सुनियै पुकार याहि कौ लौं तरसायहौ।
चातिक है रावरो, अनोखो मोह-आवरो
सुजान-रूप-बावरो, बदन दरसायहौ।
बिरह नसाय, दया हिय मैं बसाय, आय
हाय! कब आनँद को घन बरसायहौ॥ १२॥

सवैया

तब तौ छबि पीवत जीवत हे, अब सोचन लोचन जात जरे।
हित पोष के तोष सु प्रान पले, बिललात महादुख-दोष-भरे।
घनआनँद मीत सुजान बिना सब ही सुख-साज-समाज टरे।
तब हार पहार से लागत हे अब आनि कै बीच पहार परे॥ १३॥
पहिले अपनाय सुजान सनेह सों, क्यौं फिरि तेह कै तोरियै जू।
निरधार अधार दै धार-मझार, दई! गहि बाँह न बोरियै जू।
घनआनँद आपने चातिक कों, गुन बाँधि लै मोह न छोरियै जू।
रस प्यास कै ज्याय, बढ़ाय कै आस बिसास मैं यौं बिस घोरियै जू॥ १४॥
रावरे रूप की रीति अनूप, नयो नयो लागत ज्यौं ज्यौं निहारियै।
त्यौं इन आँखिन बानि अनोखी, अघानि कहूँ नहिं आनि तिहारियै।

एक ही जीवहुतौ सुतौ वारयौ, सुजान, सकोकऔ सोच सहारियै।
रोकी रहै न, दहै, घनआनँद बावरी रीझ के हाथनि हारियै॥ १५॥

कवित्त

आस ही अकास-मधि अवधि-गुनै बढ़ाय,
चोपनि चढ़ाय दीनौ, काननौ खेल सो यहै।
निपट कठोर ये हो ऐंचत न आप-ओर,
लाड़िले सुजान सों दुहेली दसा को कहै।
अचिरजमई मोहिं भइ घनआनँद यौं
हाथ साथ लाग्यौ, पै समीप न कहूँ लहै।
बिरह-समीर की झकोरनि अधीर, नेह
नीर भीज्यौ जीव, तऊ गुड़ी लौं उड़यौ रहे॥ २॥

सवैया

घनआनँद जीवनमूल सुजान की कौंधन हूँ न कहूँ दरसैं।
सु न जानियै धौं कित छाय रहे दृग-चातिग-प्रान तपे तरसैं।
बिन पावस तौ, इन थ्यावस हो न, सु क्यौं करिये अब सो परसैं।
बदरा बरसै रितु मैं घिरि कै नित ही अंखियाँ उघरी बरसैं॥ १७॥

कवित्त

जेतो घट सौधौं पै न पाऊँ कहाँ आहि सो धौं
को धौं जीव जारैं अटपटी गति दाह की।
धूम कौं न धरै, गात सीरो परै ज्यौं ज्यौं जरै
ढरै नैन-नीर, वीर हरै मति आह की।
जतन बुझे हैं सब जाकी झर आगें, अब
कबहूँ न दबै भरी भभक उमाह की।
जब तें निहारे घनाआनँद सुजान प्यारे
तब तें अनोखी आगि लागि रही चाह की॥ १८॥

आंखैं जो न देखैं, तौ कहा हैं कछु दखित ये
ऐसी दुखहानि की दसा आय देखियै।
प्रानन के प्यारे जान रूप-उजियारे, बिना
मिलन तिहारे इन्हैं कौन लेखें लेखियै।

नीर न्यारे मीन और चकोर चंदहीन हूँ ते
अति ही अधीन दीन गति मति पेखियै।
हौ जू घनआनँद ढरारे रसभरे भारे
चातिक बिचारे सों न चूकनि परेखियै॥ १९॥

जहाँ तें पधारे मेरे नैननि ही पाँव धारे
वारे ये बिचारे प्रान पैंड पैंड पै मनौ।
आतुर न होहु हा हा नेकु फेंट छोरि बैठो
मोहिं वा बिसासी को है ब्यौरो बूझिवो घनौ।
हाय निरदई कों हमारी सुधि कैसें आई
कौन बिधि दीनी पाती दीन जानि कै भनौ।
झूठ की सचाई छाक्यौ त्यौं हित-कचाई पाक्यौ
ताके गुनगन घनआनँद कहा गनौ॥ २०॥

सोरठा

घनआनँद रस-ऐन, कहौ कृपानिधि कौन हित।
मरत पपीहा-नैन, दरसौ पै बरसौ नहीं॥ २१॥
पहचानै हरि कौन, मो से अनपहचान कों।
त्यौं पुकार मधि-मौन, कृपा-कान मधि-नैन ज्यौं॥ २२॥

कवित्त

आसा-गुन बाँधि कै भरोसो-सिल धरि छाती
पूरे पन-सिंधु मैं न बूड़त सकायहौं।
दुख-दव हिय जारि, अंतर उदेग-आँच
रोम रोम त्रासनि निरंतर तचायहौं।
लाख लाख भाँतिन की दुसह दसानि जानि
साहस सहारि सिर आरे लौं चलायहौं।
ऐसें घनआनँद गही है टेक मन माहिं
एरे निरदई तोहि दया उपजायहौं॥ २३॥

सवैया

अंतर-आँच उसास तचै अति, अंग उसीजै उदेग की आवस।
ज्यौ कहलाय मसोसनि ऊमस क्यों हूँ कहूँ सु धरै नहिं थ्यावस।
नैनउ धारि दियें* बरसैं घनआनँद छाई अनोखियै पावस।
जीव निमूरति जान को आनन है बिन हेरें सदाई अमावस॥ २४॥
जान के रूप लुभाय कै नैननि बेंचि करी अधबीच ही लौंडी।
फैलि गई घर-बाहर बात सु नीकै भई इन काज कनौंडी।
क्यौं करि थाह लहै घनआनँद चाह-नदी तट ही अति औंडी।
हाय दई! न बिसासी सुनै कछु, है जग बाजति नेह की डौंडी॥ २५॥

•

भाषा टिप्पणी

कबीरदास

सबद

१. दुलहनी=सौभाग्यवती स्त्रियाँ, ईश्वर के प्रेम में निमग्न जीवात्मा रूपी वधुएँ। मंगलचार=वैवाहिक अनुष्ठान में गाये जाने वाले मांगलिक गीत। हम=हमारे, मेरे। भरतार=पति। रत=अनुरक्त। पंचतत=क्षिति, जल, पावक, गगन और समीर। पाँहुनै=अतिथि, पति। जोबन=यौवन, प्रेम भाव का परिपाक। माती=मत्त। बेदी=वेदिका। उचार=उच्चारण करना, पाठ करना। भँवरि=सात परिक्रमाएँ। सुर तेतीसूँ कौतिग=तैंतीस करोड़ देवता। (डा० मुंशीराम शर्मा ने कौतिग का अर्थ कौतुक करते हुए आठ वसु, ग्यारह रुद्र, बारह आदित्य तथा इन्द्र और प्रजापति को तैंतीस देवता माना है जबकि डा० भगीरथ मिश्र कौतिग का अर्थ कौटिक (करोड़) करते हैं।

२. सिंघ=सिंह, ज्ञान। गाई=गाय, इन्द्रियाँ। पूत=पुत्र, जीव। भई=हुई, उत्पन्न हुई। माइ=माता, माया। चेला=जीवात्मा साधक। गुर=शिक्षक, मार्गदर्शक। पाइ=पैर। मछली=कुण्डलिनी। तरवर=तरुवर, मेरुदण्ड। ब्याई=विवाहिता हुई। बिलाई=बिल्ली, माया। मुरगै=साधक, जीव। बैलहि=बैल, शरीर। डारि=छोड़कर। गूंनि बैलादि पर सामान भरने के लिए जो पलान डाला जाता है। कुत्ता=विषयासक्त पापी जीव। बिलाई= माया। तलि=नीचे।

३. चरषा=शरीर। सूत=कर्म। नगर=संसार। बिटिया=माया। बाप= जींव। बढ़ई=गुरु। रांड=मायालिप्त जीवात्मा।

४. गाफिल=असावधान। यसत=अस्तित्व। चोर=काम क्रोध मद लोभ मोह। मुसै=चोरी कर लेगा। घर जाई=घर में प्रविष्ट होकर, सेंध

लगाकर। षट्चक्र=मूलाधार, स्वाधिष्ठान, मणिपूरक, अनाहत, विशुद्ध और आज्ञा नामक ६ चक्र। बस्त=वस्तु, वास्तविक शुद्ध चैतन्य। कुंवी= कुंजी, चाभी। कुलफ=(अरबी कुफ्ल) ताला, यन्त्र। उघड़य=खुलने में, उद्घाटित होने में। बार=बिलंब। पंच पहरवा=पाँच प्रहरी, ज्ञानेन्द्रियाँ। बसतैं=वास्तविक शुद्ध चैतन्य। जुरा=जरा, वृद्धावस्था। गगन मंडल= ब्रह्मरंध्र। लै=लय, तद्रूपता।

५. अपनै मैं=मैंने स्वयं अपना। लोई=लोक, संसार।

६. चौसठि दीवा=चौसठ कलाएँ (वात्स्यायन ने अपने कामसूत्र में चित्रकारी, सीना-पिरोना, पहेली बुझाना, जुआ खेलना आदि की गणना ६४ कलाओं के रूप में की है)। जोइ करि=ज्योतित कर, जलाकर। चौदह चन्दा=पूर्णमासी का चन्द्रमा इस्लाम मतावलम्बी पूर्णमासी के चन्द्रमा में १४ कलाओं का समावेश मानते हैं क्योंकि उनके यहाँ चन्द्रमा की कलाओं की गणना प्रतिपदा से न होकर द्वितीया से होती है। जायसी ने भी पूर्णमासी के चन्द्रमा को १४ कलाओं वाला ही कहा है—'चौदत कला चाँद परगासा', 'पदुमावति भै पूनियँ कला। चौदह चाँद उए सिंघला।' कबीर का चौदह कला का प्रयोग फारसी काव्य की परम्परा में है, किन्तु कबीर चौदह चन्दा की चौदह विद्याओं के प्रतीक रूप में व्यवहृत किया है। (मनुस्मृति में शिक्षा, कल्प, व्याकरण, निरुक्त आदि को १४ विद्याएँ कहा गया है)। मांहि=पूरित करना (मांहि का प्रयोग यहाँ क्रियाविशेषण के रूप में न होकर क्रिया के रूप में किया गया है)। चानिणौं=चाँदनी, ज्योत्स्ना। जिहि=जिस।

७. मिल्या=मिला। त=तो। भया=हुआ। जे=यदि। पाड़ी=पड़ी हुई है। भोल=भ्रम, अज्ञान। पासि=पास, ताने बाने। बिनंठा=विनष्ट, जर्जर। चोल= परिधान, शरीर पर पहनने का कपड़ा, मंजिष्ठा रंग।

८. चौपड़ि=चौपड़ नामक खेल, बिसात। मांड़ी=मंडित है, बिछी है। अरघ-उरघ=नीचे-ऊपर, भावों की गर्मी और नर्मी। राम जन=रामभक्त। विचार=विचारपूर्वक, विवेकपूर्वक।

९. हरि नाँव=ईश्वर का नाम, राम नाम। दूजा=दूसरा, अन्य समस्त साधन। मनसा=मन से। बाचा=बचन से। कर्मनां=कर्म से। सुमिरण= स्मरण। सार=तत्व, उपादेय=वस्तु।

१०. और=अन्य, शेष सारे माध्यम। जंजाल=संतापदायक वस्तुएँ। सोधिया=जाँच-पड़ताल की, खोज की। दूजा=अन्य माध्यमों में। काल=मृत्यु, विनाश।

११. पंच संगी=पाँचों ज्ञानेन्द्रियाँ (नाक, आँख, कान, जिह्वा और त्वचा)। पिव-पिव करै=प्रियतम के नाम की रट लगा रखी है। छठा=छठवीं इन्द्रिय मन। सूति=समाधि अवस्था, स्मृति। कबीर=ईश्वर।

१२. कूं=को। आहि=है। ह्वै रह्या=हो गया है। नवावौं=नमन करूँ। काहि=किसको।

१३. तूं तूं करता=तेरे (राम के) नाम का जाप करता हुआ। तूं भया=तू (राम) हो गया। हूँ=अहंकार, मैं की भावना। बारी=निछावर। जित=जिधर। तित=उधर।

१४. सूता=सुषुप्त, सोया हुआ, अज्ञान में लिप्त। क्या करै=क्या कर रहा है। वासा=निवास स्थान। गोर=कब्र। क्यूं=कैसे।

१५. पियारा=प्रिय। छाँड़िकरि=छोड़कर परित्यागकर। आन=अन्य। बेस्वां=वैश्या। केरा=का। ज्यूं=जैसे। सूँ=से।

१६. विकट=भयंकर। मार=लुटेरे, काम वासनाएँ। दीदार=दर्शन।

१७. चमंकिया=चौकन्ना, चकमक पत्थर। लाइ=लौ, ज्वाला, हाथूं=हाथों में। बेगे=शीघ्र।

१८. कुंजां=क्रौंच पक्षी। कुरलियाँ=कूकते हैं, चहचहाते हैं। गरजि=गर्जना से, चीत्कार से। थैं=से। कौण=कौन। हवाल=हाल, दशा।

१९. बासुरि=दिन। सूँ=से।

२०. मूवां=मरने के। पीछे=उपरांत, बाद में। जिन=मत। वाटा=घटकर, बदलकर। पारस=एक काल्पनिक पत्थर जिसके स्पर्श से लोहा सोना बन जाता है।

२१. जालौं=जलाऊँ, दग्ध करूँ। मसि=स्याही, कोयला। ज्यूँ=जिससे कि, ताकि। सरग्गि=स्वर्ग। मति=हो सकता है कि सम्भवतः।

२२. जिहि=जो। सरि=बाण। मारी=मारा था। काल्हि=कल। तिहि=वह। अजहूँ=आज भी। सच=सुख।

२३. भुवंगम=भुजंग, सर्प। न लागै=काम नहीं आता, निरर्थक सिद्ध होता है।

२४. रँग=रगं, शिराएँ, नाड़ियाँ। तंत=तन्तु, तांत जो वाद्य यन्त्रों में तार की तरह प्रयुक्त होती है। रबाब=ताँत का बना हुआ। सारंगी की तरह का एक बाजा। इसे भारतीय वीणा का विकसित रूप माना गया है किन्तु वस्तुतः रबाब दर्दुर नामक बाजे का देसी नाम है जो विदेशों में वायलिन के रूप में प्रतिष्ठित हुआ।

२५. अंषड़ियां=आँखों में (मध्यकालीन साहित्य में ष का उच्चारण ख होता था। र व और स के भ्रम से बचने के लिए मध्यकालीन लिपिकारों ने ख के बदले न का प्रयोग किया है) झाँई=जाला। जीभड़ियाँ=जीभ में।

२६. दीवा=दीपक। मेल्यूँ=डालूँ, रखूँ, लगाऊँ। लोही=लहू, रक्त।

२७. कै=या तो। कूं=को। आपा=अपना वास्तविक स्वरूप। दाझणां= दग्ध होना, जलना। मो पैं=मुझसे।

२८. दौ=दावाग्नि, ज्ञान की ज्योति। बलै=प्रज्ज्वलित है। जाकै= जिसके। लागी=लगी है। कै=अथवा। जिहि=जिसने। लाई=लगाई है। सोइ=वह।

२९. अगनि=अग्नि, ज्ञानाग्नि। नीर माया से आक्रांत शरीर। कंदू= काँदौ, कीचड़, पाप वासनाएं। जलिया=जल गये। झारि=ज्वाला में उत्तर दक्षिण=सभी दिशाओं के।

३०. अहेड़ी=अखेटक, गुरु। दौं=दावाग्नि, ज्ञान की अग्नि। लाइया= जलाई। मृग=माया में फँसा हुआ जीव। जा=जिस। बन=विषय-वासनाओं से परिपूर्ण संसार। क्रीला=क्रीड़ा, लीला। दाझत=दग्ध हो रहा है। सोई= वही।

३१. समंदर=माया रूपी संसार। आगि=ज्ञान की अग्नि। नदियां= विषय-वासनाएँ। कोयला=राख। मंछी=मछली, सद् प्रवृत्तियाँ। रूषां= साधना रूपी वृक्ष, ब्रह्म।

३२. हद्दे=दर, सीमा, संसार। बेहदि=असीम, ब्रह्म। निरंतर=स्थायी। कवल=सहस्त्रदल कमल। को=कौन। निरषै=देख सकता है।

३३. सायर=सागर। बिन=बिना (सीपी भी नहीं है) नीपजैं=उत्पन्न होता है। सुन्नि सिषर=शून्य शिखर, सुषुम्ना के शीर्षाग्र पर विकसित कमल का शून्य प्रदेश।

३४. घट=शरीर। मांहै=में। औघट=निराकार ईश्वर। लह्या=लब्ध किया, पाया। औघट=बीहड़, हठयोग का कठिन पंथ। घाट=गंतव्य, लक्ष्य, सिद्धि। परचा=परिचय। बाट=मार्ग।

३५. पांणी=पानी, परमतत्त्व, ब्रह्म, आत्मा का मुक्त स्वरूप। हिम=बर्फ, जड़तत्त्व, बद्धजीव। बिलाइ=विलीन।

३६. सुरति=ईश्वर के प्रति प्रेम, चित्तवृत्ति, इड़ा। निरति=अनासक्ति, वैराग्य, पिंगला। सुरति जब इतनी पूर्ण हो जाती है कि "परमात्मा के साथ जीवात्मा का सम्बन्ध" तादात्म्य रूप से हो जाता है, वह अवस्था निरति कहलाती है।'—डा० पीतांबरदत्त बड़थ्वाल। अजपा=निरायास मौन जाप; माला, जिह्वा आदि उपकरणों के बिना ही प्रत्येक श्वासप्रवास के साथ 'सोऽहं' का सूक्ष्म जांप। जाप=प्रभु के नाम का मुखर स्मरण जो माला या जिह्वा के माध्यम से सम्पन्न किया जाये। लेख=सगुण साकार ईश्वर। अलेख=निर्गुण निराकार ईश्वर। आप=आत्मा, अपनत्व। आप= ईश्वर।

३७. मान सरोवर=ब्रह्माण्ड, योग साधना का वह शून्य मण्डल जहाँ सहस्रार चक्र की स्थिति मानी जाती है। सुभर=स्वच्छ, भरपूर। हंसा=मुक्तात्मा। मुकताहल=मुक्ताफल। मुकता=मुक्त पुरुष। अनत=अन्यत्र।

३८. गगन=ब्रह्माण्ड, शून्य मण्डल। गरजि=अनहद नाद हो रहा है। अमृत=संजीवनी। चबै=चू रहा है, निस्रत हो रहा है। कदली=मेरुदण्ड। कवल=सहस्रदल कमल। बंदिगी=उपासना में निरत है। कै=अथवा। निज=विशिष्ट।

३९. आकासे=ऊपर, शून्य में। मुखि औंधा=औधे या नीचे की ओर मुँह वाला। कुवाँ=सहस्रदल कमल, ब्रह्मताल। पाताले=नीचे की ओर, मूलाधार चक्र। पनिहारी=मूलाधार चक्र में निवास करने वाली कुण्डलिनी। हंसा=सिद्ध, सन्त। आदि=मूल रहस्य।

४०. रसाइन=रसायन, कई द्रव्यों से निर्मित नया द्रव्य। पीवत=पान करने में। रसाल=मधुर। सीस=अहंकार, बड़ा मूल्य। कलाल=कलवार मदिरा विक्रेता. गरु।

४१. भाठी=भट्टी। कलाल=गुरु रूपी कलवार। बहुतक=बहुतेरे मुक्ति कामी।

४२. जिहि=जिस। सर=सरोवर, भगवत प्रेम रूपी तालाब। घड़ा= मानसिक वृत्ति। डूबता=तल्लीन होती थी। मैंगल=मतवाला हाथी, संपूर्ण मन। मलि-मल-मलकर, सारे विकारों को दूर करता हुआ। देवलि= मंदिरा रूपी शरीर। कलस=अहंकार रूपी शीर्ष। पंषि=चंचल मनोवृत्तियाँ। तिसाई=तृषाकुल।

४३. रसांइण=कीमियागिरी, उपाय साधनाएँ। तिल इक=तिलभर, रंच-मात्र। मध्यकाल में पारा आदि निकृष्ट धातुओं को विशिष्ट रासायनिक द्रव्यों के संयोग से कुन्दन बनाने की विधियाँ प्रचलित थीं।

४४. हेरत-हेरत=खोजते-खोजते। हिराइ=खो गया है। बूँद=जीवात्मा। समंद=समुद्र रूपी ब्रह्म। कत=कैसे। हेरी=खोजी।

४५. समंद=समुद्र। हेर्या=ढूँढ़ा।

४६. त=तौ।

४७. दीठा है=देखा है। पतियाही=प्रत्यय करता है, विश्वसनीय मानता है।

४८. सुरति=स्मृति (विस्तार के लिये देखिये, 'कबीरदास के काव्य में प्रयुक्त पारिभाषिक शब्दावली' नामक अध्याय) ढीकुलो=कुएँ से पानी निकालने का एक उपकरण। लेज=रस्सी। ल्लौ=लौ, प्रेम। ढोलन हार-पानी खींचने वाला। कँवल। कुवाँ=ब्रह्मरंध्र, शून्य मण्डल जहाँ अमृत भरा हुआ है। पीवैं=साधक पीता है।

४९. गंग=इड़ा नामक नाड़ी। जमुन=पिंगला नामक नाड़ी। सहज= सहज समाधि। सुंनि=शून्य मंडल। ल्थौ=प्रेम, ध्यान। मठ=साधनास्थल। जौवैं=प्रतीक्षातुर है।

५०. स्यंदूर=सिन्दूर, सौभाग्य का चिन्ह।

●

सूरदास

भ्रमरगीत सार

१. हुतो=ओर से, तरफ से। सचु=सुख। नियार=न्यारे, अलग।

२. बीरै=भाई। समाधान=प्रबोध, तसल्ली।

३. उपंगसुत=उद्धव।

४. सहित=हित या प्रेम युक्त।

५. सुनि=सुन।

७. पलानो=जाओ, प्रस्थान। मासति=डूबती है। आसति=आसत्ति, सामीप्य, मुक्ति।

८. बल्लभी=प्यारी।

९. बिलग मानना=बुरा मानना। धाय=दाई। यशोदा ने कृष्ण के मथुरा जाने पर देवकी के पास कहला भेजा था कि—हौ तो धाय तिहारे सुत की कृपा करत ही रहियो"। धौरी=सफेद।

१०. पीन्हीं=पीं। धैया=थन से सीधी छूटती दूध की धारा। मधुपुरी=मथुरा।

१२. रंच=तनिक, जरा भी।

१४. तन=ओर तरफ।

१५. सुफलकसुत=अक्रूर। भोरे=भोले। पान्यो=पानी, झख पायो। पान्यो=मछली ने पानी पाया।

१७. गलगाजि कै=आनंदित होकर। यादवजात=यादव से उत्पन्न अर्थात उद्धव। भाय=भाव। यह न....गोपालहिं=गोपाल की यह बात समझ में नहीं आती। समोख्यो=सहेज कर कहा। तारे=पुतली, आँख, भीति=दीवार। घर लागै=ठिकाने लगता है। औघूरी=घूमकर। घर....

बंधावै=मन घूमकर फिर अपने ही ठिकाने आता है उसे कह सुनकर क्या कोई बाँध सकता है? खाँधो=(सं० खादन) खाया। काँचो=काँच। सीस दे=सिर देकर, प्राण खोकर। हमारी सौगंध। नेम=नियम, योग।

१८. चाहि=देखकर। रजनीमुख=संध्या। पंग=स्तब्ध।

१९. मथि जाने=पछाड़ा। निगड़ भाने=बेड़ी तोड़ी। घोष=अहीरों की बस्ती।

२१. रासी=रसी या पगी हुई। उदासी=विरक्त।

२२. मुँहचाही=चहेती, प्रिया। ज्यान=जियान हानि।

२३. खेप=माल का बोझ। फाटक=अनाज फटकने से निकला हुआ कदन्न, फटकन। धारी=समझकर। धुर=मूल, आरम्भ। डहकावै=सौदे में धोखा खाय, ठगाए। सवार=सबेरे। गहरु=विलंब, देर।

२४. ठगौरी=ठगने का सौदा। निबौरी=नीम का फल। केना=सौदा। छोटा-मोटा साग मूली आदि का बदला।

२५. टाँडा=व्यापार का माल। गाँड़ा=गन्ने या चारे का कटा हुआ टुकड़ा। हाथी के साथ गाँड़े खाना (कहावत) देखादेखी अनहोनी बात करना। झाला=झल्ल, बकवाद। डाँड़े=दंड दिया। धनिया.... कुम्हाँड़े=धनिया, धान और कुम्हड़ा।

२६. मेलै=डालते थे। खेली=खेल डाला, कुछ न समझा।

२७. अधारी=साधुओं की टेकने की लकड़ी। बाँध=आडंबर।

२८. पा लागों=पैर पड़ती हूँ। छार=भस्म, राख, मिट्टी।

२९. बिसूरी=बिलख कर। समूरी=जड़ मूल से। धुरी=धूल। कितव=धूर्त, छली। कूरी=क्रूर, निष्ठुर। रूरी=अच्छी। झूरी=नीरस।

३०. तेहरो मास भयो=अवधि बीत गई, बहुत दिन हो गए।

३१. भानैं=तोड़ती हैं। लोह=लोहा, हथियार।

३२. घर ही के बाढ़े=अपने ही घर बढ़बढ़ कर बात करने वाले। अनवउगे=अंगवोगे, सहोगे।

३३. भृंगकीट=बिलनी नाम का क्रीड़ा जिसके विषय में प्रसिद्ध है कि वह और कीड़े को पकड़ कर उसे अपने रूप का कर देता है।

३४. अंतरगति=चित्त की वृत्ति, मन।

३५. बूची=कनकटी, जिसका कान कटा हो। खुभी=कान में पहनने का एक गहना, लौंग। बेसरि=नाक में पहनने का एक गहना। मतौ करै= सलाह करे।

३६. लामी=लंबी। चोप=चाह, चाव। बेकामी=निष्काम। अनख= कुढ़न। मामी पीना=किसी बात को पी जाना, साफ इनकार करना।

३८. मनिआरे=सुहावना रौनक। माट=मटका, मिट्टी का बरतन।

३९. मान परेखो=आसरा, भरोसा।

४०. बारह बानि=द्वादस वण अर्थात् सूर्य की तरह चमकने वाला, खरा।

४१. विदूषी=दुखी।

४२. झूखी=संतप्त हुई। बारक=एक बार। पतूखी=पत्ते का दोना। सुर....सूखी=व्यर्थ बालू में नाव चलाते हो, ये सूखी नदियाँ हैं।

४३. तौ कत....लै जात=तो क्यों लड़के (कृष्ण) को बदलकर लड़की ले जाते?

४५. ज्यों गजराज...दिखावत=(कहावत) हाथी के दाँत खाने के और दिखाने के और।

४६. अंत=अनत, अन्यत्र।

४७. छाप=चिह्न, मुहर।

४९. भुस फटकै=भूसी फटकारै अर्थात् भूसी में से कुछ सार निकालने का प्रयत्न करे।

५१. न बसहि=वश में नहीं है। पाछपद पसुहि=पश्चात्पद पशु को। इसका पाठ 'या छपद' पसुहि' जान पड़ता है। अर्थ होगा—'इस पशु (मूर्ख) छपद (षट्पद=भ्रमर) को कौन समझाए।'

५२. हारिल=एक पक्षी जो प्राय: चंगुल में कोई लकड़ी या तिनका लिए रहता है। जक=रट, धुन। चकरी=चकई, चकई नामक खिलौने की तरह चंचल या घूमता हुआ।

५३. पोत=माला की गुरिया।

•

जायसी

नागमती वियोग खण्ड

१. **अर्थ**—(१) नागमती चित्तौड़ में [रत्नसेन का] मार्ग देखती रही; [उसने मन में कहा,] "मेरा प्रिय, जो गया तो लौटकर नहीं आया। (२) वह किसी नागरी नारी के वश में पड़ गया और उसके द्वारा मोहा जाकर उसने मुझसे चित्त हटा लिया है [अथवा उस नागरी ने मेरी ओर से उसे मोह-(ममता) रहित करके उसका चित्त हर लिया है]। (३) सुआ (हीरामणि) काल होकर मेरे प्रिय को ले गया। मेरे प्रिय को वह मुझसे न छीनता, भले ही मेरे प्राण ले लेता। (४) नारायण वामन की कला के लिए और उन्होंने राज्य करते हुए बलि को छल लिया था; (५) कर्ण ने (परशुराम से) बाण (ब्रह्मास्त्र) [ब्राह्मण होने का] छद्म करके लिया, किन्तु महाभारत के युद्ध में उसी के साथ छल हुआ जब इन्द्र [जैसा छलिया] उसको मिला [और भिक्षुक बनकर उसने अर्जुन के लिए उससे उसके कवच और कुंडल माँग लिया]; (६) राजा गोपीचन्द भोगी होकर भोग मांग रहे थे, किन्तु उन्हें जालंधर पाद योगी ले भागा [और उसने उसे भोगी से योगी बना दिया]; (७) कृष्ण को लेकर अक्रूर आलुप्त हो गया (मथुरा चला गया)। [स्वभावतः] उस कठिन विछोह में [कृष्ण की प्रेमिकाएं] वे गोपियाँ कैसे जीवित रहतीं? [वे कृष्ण के वियोगाग्नि में जल मरीं]। (८) [ऐ व्याधक सदृश सुए,] तूने मेरी सारस की जोड़ी (मेरे प्रिय) को क्यों हर लिया? तू इस खगी को क्यों न मार गया? (९) विरह की आग लगने के कारण उसमें जल-जल कर यह स्त्री पंजर हो गई है।"

टिप्पणी—(३) बरु<वरम्=इससे अच्छा था, भला होता, भले ही। (४) बिल के वामन द्वारा छले जाने की कथा प्रसिद्ध ही है। (५) करन बान लीन्हेउ करि छंदू : कर्ण ने ब्रह्मास्त्र प्राप्त करने की इच्छा की जो

कि परशुराम से प्राप्त हो सकता था, किन्तु परशुराम उसे ब्राह्मण को ही देना चाहते थे, इसलिए कर्ण ने छल किया कि वह ब्राह्मण था और उनसे उसने ब्रह्मास्त्र प्राप्त किया। जब परशुराम को यह छल ज्ञात हो गया, उन्होंने शाप दे दिया कि जिस समय कर्ण को इसकी विशेष रूप से आवश्यकता होगी, ब्रह्मास्त्र काम न देगा। भारत भएउ छल मिला इंदू : इन्द्र ने भिक्षुक का वेश धारण करके इनके नैसर्गिक कवच और कुंडल माँगकर अपने कुन्ती से उत्पन्न हुए पुत्र अर्जुन को दे दिए थे। यह घटना महाभारत के युद्ध से सम्बन्धित है। भारत, इन्दु : मेरी 'जायसी ग्रंथावली' में पाठ 'भर्थरि' और 'अनन्दू' था किन्तु 'भारत' और 'इन्दू' होना चाहिए। 'भारथ<भारत=महाभारत के युद्ध के लिए है और रचना में अनेक बार इसी प्रकार अन्यत्र भी आया है : 'इन्दू'<इन्द्र है। डा० वासुदेवशरण अग्रवाल ने चरण का पाठ 'भारत भएउ झिलमिल आनन्दू' माना है, किन्तु इस पाठ में त्रुटि यह है कि किसने छल किया, यह नहीं आता है, जो कि इसलिए नितान्त आवश्यक है कि प्रसंग में नागमती सुए के छल के लिए इतिहास से छलियों की कथाएँ प्रमाण रूप में प्रस्तुत कर रही है। (६) गोपीचन्द : बंगाल के एक प्रसिद्ध राजा थे जो जालंधर पाद या जालंधर नाथ के उपदेशों से राज्य छोड़कर योगी हो गए थे। रचना में अनेक बार गोपीचन्द के योग का उल्लेख हुआ है। जालंधर पाद या जालंधर नाथ योग-परम्परा के एक प्रसिद्ध महात्मा थे। (७) कान्ह<कण्ड= कृष्ण। अकरूर<अक्रूर : कृष्ण को कंस ने मारने के लिए अनेक उपाय किए किन्तु जब उनमें अकृत कार्य रहा, उसने एक यज्ञ का ढोंग रचकर अक्रूर के द्वारा कृष्ण और बलराम को मथुरा बुलवाया था। कृष्ण कंस का वध करके तदनंतर मथुरा रह गए और पीछे द्वारिका चले गए। वे लौट कर ब्रज नहीं गए। (८) सारस : सारस के सम्बन्ध में यह प्रसिद्ध है कि वह जोड़ों में रहता है और एक के मर जाने पर जोड़े का दूसरा पक्षी भी अपने प्राण दे देता है। जोड़ी : जोड़ी से यहाँ पर तात्पर्य जोड़े के नर पक्षी से है, सारस को मादा के रूप में लिया गया है। खग्गि<खगी=मादा पक्षी। (९) झुर्<ज्वल्=जलना। पाँजर<पंजर=अस्थि-पंजर। अग्गि<अग्नि।

२. **अर्थ**—(१) [रत्नसेन के सिंहल जाने के बाद] प्रिय (पति) के वियोग [नागमती का] जी ऐसा बावला हुआ कि वह पपीहे के समान

'प्रिय', 'प्रिय' पुकारने लगी। (२) काम से वह रामा अधिक दग्ध होने लगी, क्योंकि प्रिय नामधारी वह पति उसके प्राण हरकर चला गया था। (३) विरह का वाण उसे ऐसा लगा कि वह हिल न सकी और उसके शरीर से रक्त-प्रस्वेद जो निकला उससे उसकी चोली भीग गई। (४) उसकी सखियों ने अपने हृदय में देखा कि मदन के द्वारा मारी गई यह बाला हारकर, हहर कर प्राण त्याग कर रही है। (५) एक क्षण उसके पेट में साँस आ जाती है, तो दूसरे ही क्षण वह चली जाती है जिससे सब (सम्पूर्ण रूप से) निराशा हो जाती है। (६) उसको वे हवा करती हैं और उसके चोले को [पानी से] भिगोती हैं, तो एक प्रहर के बाद चेत में आने पर वह नारी मुख से कहती है, 'मेरे प्राण [निकले] जा रहे हैं, चातक की बोल 'पिउ' को कौन मिलावेगा?'' (८) [यह कहकर] उसने जो विरह की आह मारी, उस हाँक [आह] से आग उठने लगी, (९) परिणाम-स्वरूप जो हंस (जीव) शरीर में था, उसके, पंखे जल गए और उसका शरीर एक नया (शिथिल हो गया)।

टिप्पणी—(१) बाउर<वाउल<वातूल=बात-ग्रस्त, बावला (३) पसीज<पासिज्ज<प्रेस्विद=प्रस्वेद निकलना। (४) मैन<मयण<मदन=काम। हहर='हा', 'हा' करना। (६) सींच्<सिच्=सींचना, छिड़कना। (७) पयान<प्रयाण। (८) हाँक<हक्क (दे०)=पुकार।

३ **अर्थ**—(१) [सखियों ने कहा,] 'हे पट्ट महादेवी, हृदय में हार न मानो, जी में समझकर और चित्त में चेतकर [अपने को] सँभालो। (२) भ्रमर कमलिनी के साथ होने पर भी पराया नहीं हो जाता है, मालती के पास, उसका स्नेह स्मरणकर वह पुनः आता है। (३) जैसी प्रीति पपीहे को स्वाती से होती है, तू भी [उसके दर्शनों की] प्यास टेक और अपने जी में स्थिरता ला। (४) जिस प्रकार धरती आकाश के स्नेह में रहती है तो मेघ वापस आकर वर्षा ऋतु में उसे [जल से] भर देता है, (५) नवल वसंत ऋतु पुनः आवेगी और वही रस, वही मधुकर और वही बेल (बल्ली पुनः होंगे। (६) तू अपने जी को ऐ नारी, ऐसा न कर, तरुवर भी [ग्रीष्म से] दग्ध होकर पुनः सँभल उठते हैं। (७) दस दिनों के लिए [सरोवर का] जल सूख गया, तो क्या बिगड़ गया, पुनः वही [भरा-पूरा] सरोवर होगा और पुनः वही हंस आवेगा। (८) जब बिछुड़े हुए स्वजन मिलते हैं, तो वे प्रिया को पकड़-पकड़ कर उसका बार-

बार आलिंगन करते हैं। (९) जो मृगशिरा नक्षत्र की तपन सहते हैं, वे आर्द्रा नक्षत्र में पलुहते ही हैं।''

टिप्पणी—(१) पाटमहादेइ<पट्टमहादेवी=पट्टमहिषी। (२) पीउ [दे०]=पपीहा (३) थीति<स्थिति=स्थिरता। (४) मेह<मेघ। (५) बेली<वेली [दे०]=लता, (७) नस्<नश्=नष्ट होना, बिगड़ना। (८) साजन< सजण<स्वजन। (९) मिरगिसिरा<मृगशिरा : अधिक से अधिक गर्मी का नक्षत्र। अद्रा<आर्द्रा : वर्षा का प्रथम नक्षत्र। पलुह<प्ररुह=पौदे का अंकुरित होना अथवा बढ़ना।

४. **अर्थ**—(१) आषाढ़ ने चढ़ाई कर दी है, [उसके सैनिक] बादल आकाश में गर्जन कर रहे हैं और विरह ने उसके दल के बाजे दुंद (दुंदुभी) को सजाया है। (२) धूमिल, श्याम तथा धवल मेघ दौड़ पड़े हैं और [सेना की] श्वेत ध्वजा बक-पंक्ति के रूप में दिखाई पड़ी है। (३) खड्ग बिजली के रूप में चारों ओर चमक रहे हैं तथा घोर (भयानक) घन बूँदों के बाण बरस रहे हैं। (४) आर्द्रा नक्षत्र लग गया और भूमि बीज ग्रहण करने लगी है (खेत बोए जाने लगे हैं), किन्तु प्रिय के बिना मुझे कौन आदर दे? (५) चारों ओर घटा अवनमित हो आई है, हे कान्त, मुझे उबारो, मैं मदन से घिरी हुई हूँ। (६) मेढक, मयूर, कोकिल और पपीहा, मुझे अपना वेध्य कर रहे हैं; इसलिए मेरे शरीर में जीव शेष नहीं रह रहा है। (७) पुष्य नक्षत्र सिर के ऊपर आ गया है (शीघ्र ही आने वाला है); किन्तु मैं बिना स्वामी की हूँ, मेरे मंदिर (भवन) को कौन छाएगा? (८) जिनके घरों पर उनके कान्त है, वे सुखी हैं, उन्हें गुरुत्व और गर्व है, (९) प्यारे कान्त के बिना, मेरा समस्त सुख भूला हुआ है।

टिप्पणी—(१) गाज्ज्<गज्ज<गर्ज=गर्जन करता है। दूंद<दुदुहि<दुदुभि (?)=दुंदुभी। (२) धौर<धवल। सेत<श्वेत। धुआ<ध्वजा। (३) बीज< बिज्जु=विद्युत। (४) अद्रा<आर्द्रा : वर्षा का प्रथम नक्षत्र (सत्ताईस नक्षत्र हैं : श्रविष्ठ: अथवा धनिष्ठा, शतभिषज, पूर्वभाद्रपाद, उत्तर भाद्रपाद, रेवती, अश्विनी, भरणी, कृत्तिका, रोहिणी अथवा ब्राह्मी, मृगशिरस् अथवा अग्रहायणी, आर्द्रा, पुनर्वसु अथवा यामको, पुष्य अथवा सिंध्य, अश्लेषा, मघा पूर्वफाल्गुनी, उत्तर फाल्गुनी, हस्त, चित्रा, स्वाती, विशाखा अथवा राधा, अनुराधा, ज्येष्ठा, मूध, पूर्वाषाढ़, उत्तराषाढ़, अभिजित् तथा श्रवण। मोटे ढंग पर दो नक्षत्र एक मास में पड़ते हैं। (५) ओनव्

<अवणम्<अव+नम्=झुक कर नीचे आना। उबार<उव्वार< उद्वर्त्तय=बाहर निकालना। (६) बेझ<बेज्झ<वेध्य=वेध का लक्ष्य। (७) पुख<पुष्य। वर्षा का एक नक्षत्र जिसमें वर्षा प्रौढ़ रूप धारण करती है। (८) गारौ<गारव<गौरव=महत्व, गुरुत्व, प्रभाव। (९) बाहिर<बर्ज (?)=बिना।

५. **अर्थ**—(१) सावन में मेघ अतिवर्णी होकर बरस रहे हैं, भरनी (धान की खेती के योग्य पानी की भरान) भर रही है, किन्तु मैं विरह में सूख रही हूँ। (२) पुनर्वसु नक्षत्र लग गया और मैंने अभी तक प्रिय को नहीं देखा; मैं बावली हो गई हूँ; मेरा समझदार-जानकार कान्त कहाँ है? [मेरे नेत्रों से] रक्त के आँसू टूट पड़े हैं [जो ऐसे लग रहे हैं] मानो बीरबहूटियाँ (इन्द्र गोपाएँ) रेंग चली हों। (४) मेरी सखियों ने (अपने-अपने) प्रिय के साथ हिंडोला रचा है, भूमि हरी है और उनके शरीर पर कुसुंभी चोला है। (५) मेरा हृदय भी हिंडोले जैसा डोल रहा है। विरह उसको झूला और झकोर (झोंका) दे रहा है। (६) मार्ग असूझ [और पानी लगने के कारण] अथाह और गंभीर हो गए हैं; मेरा जी उनमें बावला भँभीरी होकर चक्कर लगा रहा है। (७) सारा जगत जहाँ तक भी देखिए जल में डूबा हुआ दिखाई पड़ता है, और उसमें मेरी [जीवन] नौका खेने वाले के बिना रुकी हुई है। (८) [प्रियतम के और मेरे बीच] पर्वत, अगम्य, समुद्र, बीहड़ बन और घने ढाक हैं, (९) किस प्रकार मैं, हे कान्त, तुम्हें मिलूँ, क्योंकि न मुझे [ऐसे] पैर प्राप्त हैं [जो इनको लाँघ सकें], और न पंखे प्राप्त हैं [जिनकी सहायता से मैं उड़ कर इन्हें पार कर सकूँ?"]

टिप्पणी—(१) अतिवानी<अतिवर्णिन्<अति के साथ होने वाला। (२) बाउर<बाउल<बातूल=बावला। सरेख<संलिखित=जिसने तपश्चर्या आदि के द्वारा शरीर को सुखाया हो, ज्ञानी। (४) हिंडोला< हिन्दोल=झूला। (६) भँभीरी<भम्भाराली=एक प्रकार की मक्खी जो बहुत भनभनाती है। (७) ताक्<तक्क<तर्क करना, विचार करना, देखना। (८) बेहड़<विहड़िय<विघटित=बस्ती से अलग का प्रान्त।

६. **अर्थ**—"(१) भरा भादों मेरे लिए अत्यधिक दूभर हो रहा है। उसकी अँधेरी रातें किस प्रकार भरूँ (काटूँ)? (२) मेरा मंदिर सूना है, क्योंकि प्रिय अन्यत्र निवास करता है, इसलिए शय्या नागिन होकर मुझे पकड़-पकड़ कर डसती है। (३) मैं [शय्या में] अकेली [उसकी] एक

ही पाटी पकड़े पड़ी रहती हूँ, [नींद न लगने के कारण] नेत्रों को [अँधेरे में देखने के लिए] पसारते हुए हृदय के फटने से मर रही हूँ। (४) बिजली चमक कर और घन गर्जकर मुझे त्रास पहुँचाते हैं तथा विरह काल होकर मेरे जीव को ग्रसता है। (५) मघा नक्षत्र झकोरों के साथ बरसता है और मेरे नेत्र ऐसे चूते (आँसू गिराते) हैं जैसे [मकान की] ओरी चूती हो। (६) पूर्वा (पूर्व फाल्गुनी) नक्षत्र लग गया और पृथ्वी जल से पूरित हो गई, किन्तु अर्क (मदार) और जवास बनकर मैं सूख रही हूँ। (७) यह स्त्री भरे भादों में सूख गई, किन्तु अब भी आकर तू, ऐ स्वामी, उसे सींच नहीं रहा है! (८) जल और स्थल सभी आपूरित होकर भर गए हैं और आकाश तथा धरती [जल से] मिलकर एक हो रहे हैं; (९) हे प्रिय, इस यौवन के गम्भीर जल में डूबती स्त्री को तू [अब भी] अवलंब दे।''

टिप्पणी—(१) भर<भरिअ<भरित=[जल से] भरा हुआ, [जल से] पूर्ण। तुल० सूखे सावन न भरै भादौं। दूभर<दुम्भर<दुर्भर=दुःख से जिसमें निर्वाह हो, जिसका निर्वाह करने में कठिनाई हो। (२) अनत<अन्यत्र (३) प्रसार<प्रसारय्=फैलाना। (४) बीज<विज्जु<विद्युत=बिजली। तरास्<त्रासय<भयभीत करना। (५) ओरी<अपर+इका (?) छाजन के किनारे का वह छोर जहाँ से छाजन का पानी भूमि पर गिरता है। (६) आक<अक्क<अर्क=मदार। जवास<यवास=एक कँटीली छोटी झाड़ी। आक के पौधे वर्षा में निपाते हो जाते हैं और जवास के प्रायः सूख जाते हैं। (८) अपूर<आपूरय्=आपूर्ति करना, भली-भाँति भरना। अवगाह<अवगाढ़=गंभीर, गहरा। टेक=सहारा, अवलंब।

७. **अर्थ**—''(१) क्वार लग गया, जगत् भर में अब जल घट गया है [इसलिए मार्ग अब यातायात के योग्य हो गए हैं]; ऐ परभूमि (परदेश) पर लुब्ध प्रिय तू, अब भी आ जा। (२) तुझे देख लेने पर यह काया पलुह उठेगी; तेरा चित्त मेरे ऊपर से उतर (हट) गया है, उसको लौटाकर तू स्नेहपूर्ण कृपा कर। (३) अगस्त्य तारे के उदित होने पर हस्त नक्षत्र का मेघ गर्ज रहा है और तुरंगों (घोड़ों) पर पलाने कसकर राजागण रण के लिए चढ़ाई करने लगे हैं। (४) चित्रा नक्षत्र का सूर्य अब मीन राशि में आ गया है। कोकिल और पपीहे [भी] पुकारते हुए अपना अभीष्ट प्राप्त कर रहे हैं। (५) अब तो स्वाती नक्षत्र के जल-बिन्दु चातक के मुख में पड़ गए और समुद्र की समस्त सीपियों ने [स्वाति

बिन्दु ग्रहण कर] मौक्तिकों को [उदर में] भर लिया है। (६) सरोवरों का स्मरण कर हंस वापस आ गए हैं, सारस कूजन कर रहे तथा खंजन दिखाई पड़ रहे हैं। (७) [सूर्य का] प्रकाश [अधिक] होने पर काँस बन में फूल उठे हैं किन्तु ऐ कान्त, तुम [अब भी] नहीं फिरे और विदेश में भटक रहे हो! (८) विरह का हस्ती मेरे शरीर को शल्य की भाँति पीड़ा पहुँचा रहा है और खाकर मेरे तन को चूर-चूर कर रहा है; (९) हे प्रिय, तुम शीघ्र आकर उससे भिड़ो और शार्दूल होकर गर्जन करो।''

टिप्पणी—(१) कुआर<क्वार, आश्विन मास। लटा=लुब्ध। पलुह< प्ररुह=पौधे का अंकुरत होना अथवा बढ़ना। (३) हस्ति<हस्त वर्षा का एक नक्षत्र, जिसे लोकभाषा में हथिया कहा जाता है। फ्लान्< पर्याणय्= पर्याण (अश्व-कवच) पहिनाना, (४) मोति<मौक्तिक। (६) कुरूर्< कुरुल [दे०]=शब्द करना, कूजन करना। (७) बिगाल विकास= प्रकाश (८) साल्<शल्यय्=शल्य की भाँति पीड़ा पहुँचाना। (९) बाज्<वज्ज्< ब्रज=जाना, भिड़ना। सदूर<शार्दूल=शरभ।

८ **अर्थ**—''(१) कार्तिक में शरद-चन्द्र का प्रकाश हो रहा है, (जिससे) जगत् शीतल हो गया किन्तु मैं विरह-द्वारा (उलटे) दग्ध हो रही हूँ। (२) अपनी चौदह कलाओं को उसने जो प्रकाशित किया है, उससे ऐसा लगता है मानो धरती और आकाश सभी जल रहे हैं। (३) [इस चाँदनी रात में] शय्या, शरीर और मन का अग्निदाह कर रही है, [क्योंकि] जो सबके लिए चन्द्रमा है, वह मेरे लिए राहु हो गया है। (४) मुझे तो चारों खंड अंधकारपूर्ण लगते हैं, क्योंकि मेरे प्रिय कान्त घर पर नहीं हैं। (५) ऐ निष्ठुर [कान्त], तू अब भी इस द्वार पर आ, जब कि संसार भर में दीपावली का पर्व हो रहा है (मनाया जा रहा) है। (६) मेरी सखियाँ अंग मोड़-मोड़कर झूमर गाती हैं, किन्तु मैं संतप्त हो रही हूँ जिसका जोड़ा (प्रिय) बिछुड़ा हुआ है। (७) जिसके घर पर [मेरा] प्रिय होगा, वह मनोरा का उत्सव कर रही है। [किन्तु मैं कैसे मनोरा मनाऊँ?] मुझे एक विरह तो था ही, दूसरा सपत्नी होने का भी दुःख हो रहा है। (८) मेरी समस्त सखियाँ गीतों और खेलों के द्वारा दीपावली का त्योहार मना रही हैं। (९) [इस समय] मैं दीपावली कान्त के बिना क्या [किस प्रकार] खेलूँ? [इसलिए] मैं तो सिर पर राख डाल [और होली मना] रही हूँ।''

टिप्पणी—(१) उजिआरी<औज्जवल्य। (२) अगिडाह<अग्निडाह<अग्निदाह। (३) जौं<जजौ<यतः=क्योंकि। (४) देवारी<दीप+आवलि=दीपावली। (५) झूमक<झोम्बक=एक प्रकार का गीत जिसे स्त्रियाँ अंग मोड़-मोड़कर गाती हैं। झुर<झुर<ज्वल=जलना, संतप्त होना। (६) मनोरा<मंद+ओल्ल<मन्द+आर्द्रय=एक उत्सव जो स्त्रियों के द्वारा वर्षा का अन्त होने पर मनाया जाता है। (७) सवति<सवत्ती, सपत्नी। (८) छार<क्षार=राख। (९) मेलू<मेलय्=डालना।

९. **अर्थ**—"(१) अगहन में दिन घट गया और रात बढ़ गई है। मुझे यह दूभर दुःख है, कि किस प्रकार वह [रात] निकाली (बिताई) जाए? (२) अब स्त्री [घट कर] दिवस हो गई है, और उसका विरह [बढ़कर] रात हो गया है, 'उस विरह में [स्त्री] उसी प्रकार जल रही है जिस प्रकार दीपक में बत्ती जलती है। (३) [जब से] शीत जान पड़ने लगा है, हृदय काँप गया (काँपने लगा) है, और यह [शीत और हृदय का कंप] तभी जाएँगे जब कि मेरे साथ प्रिय होगा। (४) घर-घर में सभी स्त्रियों ने चीरों को रच (रँग) लिया है; [किन्तु, मैं क्या रचूँ (रँगूँ)?] मेरा रूप-रंग मेरा स्वामी ले गया है। (५) वह जो [मुझे], छोड़कर गया, वापस होकर नहीं बहुरा है यदि अब भी वापस आ जाए, तो मेरा वह पहले का रंग लौट आए। (६) इस विरहिणी को आग शीतल हो (लग) रही है, क्योंकि विरह उसका हृदय जला रहा है और वह सुलग-सुलग कर राख हो रहा है। (७) मेरा यह दुःख-दाह मेरा कान्त नहीं जानता है और वह मेरे यौवन और जन्म (जीवन) को भस्मान्त कर रहा है। (८) हे भौंरे, और हे काग, प्रिय से यह संदेशा कहना, (९) [तुम्हारी] वह स्त्री विरह में जल गई और उसी का धुआँ हमें लगा है [जिससे हम काले हो गए हैं]'।"

टिप्पणी—(१) दूभर<दुब्भर<दुर्भर=जिनका निर्वाह कठिनता से किया जा सके। काढ़<कड्ढ कृष<खींचना, निकालना। (२) बाती<बलिआ=वर्तिका=बत्ती। (३) सीउऽसीअ<शीत। (४) रच्<रञ्च्<रंगना। (५) बहुर्<बाहुड<व्याघुट्=लौटना। (६) सिवर<सीअल<शीतल। सुलूग्<सुलग्=[आग का] भली-भाँति लगना (जलना)। (७) जरम<जन्म=जीवन। भसमंत<भस्मान्त=भस्मावेशष।

१०. **अर्थ**—"(१) पौष में जाड़े से शरीर थर-थर काँप रहा है और सूर्य [स्त्री भी] शीत लगने से कष्ट पाकर] लंका की दिशा (दक्षिण) में

[आग] ताप रहा है। (२) विरह की बाढ़ से वह शीत और भी दारुण हो गया है, [जिसके परिणामस्वरूप] मैं काँप-काँप कर मर रही हूं और वे [दोनों शीत और विरह] मेरे जीव को हर ले रहे हैं। (३) मेरे कान्त कहाँ हैं कि मैं उनके हृदय में लग जाऊँ [और अपना शीत मिटाऊँ]? वे निकट तो हैं नहीं कि उन्हें बुला लूँ और [उनके पास पहुँचने का] मार्ग भी अपार है : (४) श्वेत चादर से जूड़ी आती है, [और ऐसा लगता है] मानो शय्या हिमांचल में डूबी हुई है। (५) चकवी [तक भी] निशा में बिछुड़कर [अपने प्रिय से] दिन में मिल जाती है, किन्तु मैं तो रात-दिन विरह में [प्रिय की पुकार लगाते-लगाते] कोकिला हो रही हूँ। (६) रजनी में अकेली रहती हूँ और हे सखी, [प्रिय का] साथ नहीं है, ऐसी दशा में मैं विमुक्ता पक्षी किस प्रकार जीवित रहूँ? (७) विरह का संचान चक्कर लगाता [मँडराता], और मेरे शरीर को खाता रहता है; वह जीते, जी ही मुझ [पक्षी] को खा रहा है और मृत होने पर भी न छोड़ेगा। (८) मेरा रक्त ढल गया (समाप्त हो गया) आँसू गल [बह] गए, हड्डियाँ सब की सब शंख [के समान भीतर से पोली] हो गईं। (९) [हे कान्त], तुम्हारी यह स्त्री [वियुक्ता] सारस होकर चिल्ला-चिल्ला कर मर गई अब तुम आकर [भला] उसके पंखे ही समेट लो।''

टिप्पणी—(१) जाड़<जाड्य=शीत से उत्पन्न जड़ता, ठिठुरन। ताप< तापय्=तप्त करना, सेंकना। (२) बाढ़ी<बढ्ढि<वृद्धि। (३) हिअरा<हिअ+डा=हृदय। निअर<णिअडा<निकट। (४) सौर<सउड [दे०] चादर। (५) बूड़<बुड्ड<बुड=बुड़ना, डूबना। (६) पंखी<पंखी<पक्षिन्। (७) सँचान< सञ्चान=एक जाति का बाज। चाड़=चड्ड [दे०]=खाना। (८) हाड< हड्ड<अस्थि। (९) रर्<रड्<रट्=रोना चिल्लाना।

११. **अर्थ**—''(१) अब माघ लग गया है, पाला पड़ने लगा है और इस जड़काले (शीत-काल) में विरह काल हो गया है। (२) शरीर को यदि पहल-पहल रुई से यह स्त्री ढकती है, तो उसका हृदय हहर-हहर करके अधिक ही काँपता है। (३) हे नाथ, तू आ जा और सूर्य होकर तप्त हो, तेरे बिना माघ मास में जाड़ा नहीं छूट रहा है। (४) इसी मास में रस मूल उत्पन्न होता है, तू [उस रस मूल के लिए] भ्रमर है और मेरा यौवन फूल है। (५) मेरे नेत्र इस प्रकार चू रहे हैं, जैसे माघ [की वर्षा] का जल, उस जल से मेरे चीर सदृश शर (सरकंडों) में आग लग जाती है। (६)

[माघ की उस वृष्टि की] बूँदें शरीर पर ओले के समान पड़ती हैं और [उसी समय] विरह भी [माघ का] पवन होकर झकोरा मारता है। (७) किसके लिए शृंगार करूँ? कौन पटोर पहने? ग्रीवा में हार नहीं है, क्योंकि स्त्री स्वतः [क्षीण होकर] तागा हो गई है। (८) तुम्हारे बिना, हे कान्त, स्त्री इतनी हलकी हो गई है कि शरीर बहुत हुआ तो तृण होकर हिलने लगा है। (९) उस पर भी [विरह को संतोष नहीं है] वह उसे जलाकर उसको [अपने] झोले (जोके) में उड़ाना चाहता है।

टिप्पणी—(१) माँह<माघ। पाला=हिम, तुषार। (२) पहल<पहल्ल< प्रथित<फैलाया हुआ फुलाया हुआ : रुई धुनकर जब फुला दी जाती है तो उस फूले हुए रुई को पहल कहते हैं। हहल्='हा' करना। (३) जाड़<जाड्य=जड़ता ठंडक से उत्पन्न हुई ठिठुरन। (५) मांहुट<भाघवत्= माघ का। (६) सर<शर=सरकंडा ओला<ओल्ल<आर्द्रय=हिम : [?] (९) झोल=झुल्ल=झूला, झोंका। (७) पटोर=पट्टकूल<रेशमी वस्त्र। डोर (दे०)=रस्सी, तागा, (८) हरुअ<लघुक=हल्का। तिनु=तृण। बर<वरम्= बहुत हुआ तो।

१२. **अर्थ**—"(१) फाल्गुन में पवन झँकारों में बह रहा है, जिससे शीत चौगुना हो गया है; वह किस प्रकार सहा जा सकता है? (२) मेरा शरीर [वृक्षों के] पीले पत्तों के सदृश हो गया है, अब यह तुम्हारे विरह में, (हे कान्त), ठहर नहीं सकता है, जो (विरह) पवन बनकर उसको झोर रहा है। (३) तरुवरों के पत्ते झड़ रहे हैं और वन के ढाक [जैसे सामान्य वृक्ष] के भी पत्ते झड़ रहे हैं [परिणामस्वरूप] फूलों और फलों की शाखाएँ पत्रहीन हो गई हैं। (४) किन्तु जहाँ कलिकाओं के रूप में वनस्पति उल्लास करने लगी, मुझे (मेरे लिये) संसार दुगुना उदास हो गया है। (५) [मेरी सखियों ने] जो चाँचर की योजना करके फाग का उत्सव कर रही हैं, मेरे जी में जैसे होली लगा दी है। (६) यदि, हो न हो, प्रिय को मेरा इस प्रकार जलना ही भाया है, तो इन जलने-मरने में मुझे भी रोष नहीं आ रहा है, (७) रात-दिन मेरे मन में यही है कि, कान्त मैं तुझे क्षार (भस्म) के समान लगूँ। (८) [मेरे मन में यही है कि] मैं यह शरीर जलाकर भस्म कर दूँ और पवन से कहूँ कि वह उस भस्म को उड़ा ले चले, (९) जिसमें कि सम्भव है उस मार्ग में जाकर गिर पड़ूँ जहाँ (जिस मार्ग में), ऐ कान्त, पैर रक्खे।"

टिप्पणी--(१) सीउ<सीअ<शीत। (२) पिअर<पीअ+डा<पीत=पीला और<झोड्--[दे०]=पेड़ों से पत्तों को गिराना। (४) हुलास<उल्लास। (५) फाग<फग्गु<फल्गु=बसंतोत्सव। चाँचरि<चच्चरी<चर्चरी=एक प्रकार का गीत जो बसंत (फाग) में गाया जाता है, अथवा उसके गाने वालों की टोली। (६) छार<क्षार<भस्म, भूति। डॉ० वासुदेव शरण अग्रवाल इसके स्थल पर 'यार' पाठ को मानते हैं और अर्द्धाली के दूसरे चरण का अर्थ करते हैं, 'मैं, हे कान्त, तेरे थाल जैसे हृदय से लग जाऊँ किन्तु प्रश्न है कि 'यार' से 'थाल जैसा हृदय' अर्थ लेना सम्भव नहीं है, यह पाठ स्वीकार करने पर अर्थ होगा 'हे कान्त' मैं तुझसे थाल के समान लग जाऊँ' जो कि अर्थहीन है। पुनः थाल समान-हृदय से लगने के लिए पूर्ववर्ती अर्द्धालियों का इस उक्ति से कोई सम्बन्ध नहीं रह जाता, क्योंकि थाल जैसे हृदय से लगने के लिए, जलना-मरना किसी प्रकार सहायता नहीं करता है। पुनः दोहे की पंक्तियों में जो शक्ति आती है उसका सम्बन्ध अर्द्धाली ५ तथा ६ से हो और ७ से न हो यह सम्भव नहीं है। हृदय से लगकर पैर से लगने में कोई संगति नहीं प्रतीत होती है।

१३. **अर्थ**--"(१) चैत में बसन्त और धमाल होते हैं, किन्तु मेरी दृष्टि में संसार ही उजड़ा हुआ है। (२) [मुझे तो लगता है कि] पंचशर [काम] ने अपना पाँचवाँ बाण विरह का मारा है, जिसके कारण समस्त वन रक्त [के आँसू] रोकर उसे ढुलका रहे हैं। (३) समस्त तरुवरों के पत्ते उस रक्त में डूब उठे हैं [और इसी कारण लाल हो गये हैं] और उसी से भीग कर मँजीठ और किंशुक वन में रक्तवर्ण के हो गए हैं। (४) जिन आम्र के वृक्षों में पहले मौर लगे थे वे अब फलने लग गए हैं, भला अब भी घर का स्मरण हो कर, ऐ भाग्यशाली, तू (वापस) आ जा! (५) वनस्पतियाँ सहस्त्र भाव से फूल उठी हैं और मधुकर मालती का स्मरण कर लौट पड़े हैं। (६) किन्तु ये फूल मुझे काँटे हो [कर चुभ रहे हैं, और दृष्टि पड़ते ही शरीर में चींटे बनकर [काटन] लगते हैं। (७) नारंगी की यह डाली [भी] भरे यौवन में (आ गई) है, अतः सोया हुआ विरह अब रोका नहीं जा रहा है। (८) जिस प्रकार घिरिन परेवा [आकाश से टूटकर] आ जाता है, तुम भी हे प्रिय टूटकर आ पड़ी; (९) क्यों नारी पराए (विरह के) वश में हो रही है और तुम्हारे बिना उस [परवशता से] छूट नहीं सकती है।"

टिप्पणी—(१) धमारि=एक ऊधमपूर्ण नृत्य गीत। उजारी<उज्जाडिअ [दे०]=उजाड़ किया हुआ। (२) पञ्चम [शर]=काम के पंचमवाणों में से पंचम विरह शर। सगर<सकल=समस्त। (३) टेसू<किंशुक। रात=रक्त वर्ण का होना। (४) मौर<मुकुलम्=मुकुलित होना। (५) बनफली<बन म्फति<वनस्पति। (६) चाँद=चीटा। (७) सोआ<सुप्त। (८) घिरिन परेवा< घूर्ण पारावत=घुमाना या लोटना (गिरहबाज) कबूतर।

१४. **अर्थ**—"(बैशाख आ गया और गर्मी अत्यधिक बढ़ गई है, जिस कारण चोल और चीर का चन्दनपट आग [जैसा तप्त] हो गया है। (२) [बिरह में] जलता हुआ सूर्य जब शीतल होने के लिए हिमाचल [की ओर] चला [उत्तरायण हुआ], उसने विरह की वज्राग्नि का अपना रथ मेरे सम्मुख ही हाँक दिया। (३) इस विरह की वज्राग्नि के लिए छाया, हे प्रिय, तुम बनों और मुझ अंगारों में पड़ी (जलती हुई) को आकर बुझाओ (शीतल करो) (४) तुम्हारे दर्शनों से यह नारी शीतल होगी, तुम [इसलिये] आकर अग्नि के स्थान पर (मेरे लिए) पुष्पवाटिका का निर्माण करो। (५) मैं तो ऐसी जलने (धिकने) लगी हूँ जैसा भाड़ जलने (धिकने) लगता है किन्तु यदि तुम मुझे तदनंतर (आने के बाद) भूनो भी तो मैं [तुम्हारा] द्वार नहीं जोड़ सकती हूँ [जिस प्रकार भाड़ बालू को नही छोड़ता है]। (६) सरोवर का हृदय नित्य ही मिटता जा रहा है, और टुकड़े-टुकड़े होकर फट रहा है। (७) उस फटते हुए हृदय को, हे प्रिय, तुम सहारा दो और अपनी दृष्टि का दवँगरा देकर उसके टुकड़ों में ऐक्य डाल दो (उन्हें परस्पर जोड़ दो)। (८) मानसरोवर में जो कमलिनी खिली थी [तुम्हारे द्वारा दिए गए मान से यह नारी जो प्रहर्षित हो रही थी] वह सूख कर धूल में मिल रही है। (९) वह वल्ली अब भी पलुह सकती है, यदि हे प्रिय, तुम आकर उसको [अपने दर्शनों से] सींचो।"

टिप्पणी—(१) चंदन=चंदनपट्ट [दे०] 'चंदन चोला' २९९.२, ३२७.३, चंदन चीर १६८.६, २९६.१]।(२) हिवंचल<हिमाञ्चल।ताकु< तक्क<तर्कय= विचार करना, देखना। (५) भार<भ्राष्ट=भाड़। भुंज=भूनना। बारू<बार= द्वार तथा<बालुआ=बालुका। (७) विहर<विहड्<वि+घट्=फटना। दवँगरा= वर्षा का प्रथम जल। (९) पलुह<प्ररुह=अंकुरित होना या बढ़ना।

१५. **अर्थ**—"(१) ज्येष्ठ मास में लू के बहने से जगत् जल रहा है,

बवंडर (बगूले) उठ रहे हैं और पहाड़ गर्म हो रहा है। (२) [इस समय] विरह गर्जन करके हनुमान होकर जाग पड़ा है; और मेरे शरीर में लंकादहन करने लगा है। (३) चारों पवन अपने झोंकों में उस [विरह की] अग्नि को संवर्धित कर रहे हैं, इसलिए यह आग लंका को जला कर अब पलंका में लग गई है। (४) [इसी अग्नि से] दग्ध होकर कालिंदी श्याम वर्ण की हो गई, विरह की अग्नि ऐसी कठिन और बुरी होती है। (५) [इस ऋतु में] आग [सी] उठ रही है और आँधी आ रही है, नेत्रों से सूझ नहीं रहा है और मैं दुःख में बँधी हुई मर रही हूँ। (६) मैं तो अधजली हो गई, शरीर का मांस सूख गया, और विरह भूखा काग बनकर मेरे शरीर [को खाने] में लग गया है। (७) वह मेरे शरीर का मांस खाकर अब हड्डियों [को खाने] में लगा हुआ है। [ऐ प्रिय,] तू अब भी आ जा, कि तुझे आता सुनकर वह भाग जाए। (८) पर्वत, समुद्र, मेघ, शशि, दिनकर इस आग को सहन नहीं कर सकते; (९) मुहम्मद (जायसी) कहता है, सती की सराहना कीजिए जो इस प्रकार प्रिय के लिए [विरह की आग में] जलती है।''

टिप्पणी—(१) लुआरा<लुआ [दे०]=डा०[लूआ=मृगतृष्णा, सूर्य की किरणों में होने वाली जल की भ्रान्ति]=सूर्य की किरणों से तप्त वायु। धिक्=तप्त होना। (२) गाज्<गञ्ज<गर्ज्=गर्जना करना। (३) चारिहूँ पवन : चारों दिशाओं से चलने वाली हवा। लंका-पलंका=लंका तथा पलंका (प्लक्ष?) नाम के द्वीप, जो एक दूसरे के निकट थे। (देखिए २०६.१-३) (७) हाड<हड्ड<अस्थि। (८) दिनआर<दिनकर=सूर्य।

[नायिका-परक अर्थ]

१६. **अर्थ**—''(१) अब ज्येष्ठ-अषाढ़ी (ज्येष्ठ के अंत और आषाढ़ के प्रारम्भ की गर्मी) तपने लगी है और मुझ को अपनी छाजन (अपनी काया) दुःखदायक हो रही है। (२) मेरा शरीर [सूखकर] बहुत हुआ तो तृण हो गया है और मैं अत्यधिक संतप्त हो रही हूँ, और यह छाजन (काया) विरह से अग्र होकर (बढ़ावा पाकर) मेरे सिर पर आ पड़ी है। (३) साँठि (संस्थिति) [अच्छी] नहीं है, इसलिए कौन मुझसे बातें पूछेगा (मेरी सहायता करेगा)? बिना जीव के मेरा खाली शरीर [ऐंठकर] मूँज [की रस्सी] हो गया है। (४) [इस संकट में] न कोई मेरा बन्धु है, और न कोई कंधा लगा रहा है; [मेरे मुख से] बोल भी

नहीं निकल रहा है, मैं [अतः] रोकर किससे कहूँ? (५) मैं बिना टेक (रोक-थाम) के रटती-रटती दुबली हो गयी हूँ; मेरा स्तंभ (थामने वाला) कोई है नहीं, इसलिए मैं स्थूण (कटे हुए पेड़ का धड़) हो गई हूँ और उठ नहीं सकती हूँ। (६) मेरे नेत्र बरस रहे हैं और घर में चू रहे। तुम्हारी छाया के बिना [घर में] 'छपर-छपर' हो रही है। (७) [अब मेरा] कौन है, और वह कहाँ है जो [मेरा काया-छाजन का] नया ठाठ सजा दे? तेरे बिना, हे काल, यह छाजन (काया) अच्छी नहीं लग रही है। (८) अब भी तू ममता की दृष्टि कर और [अपने] बन्धनों को त्याग कर घर आ जा। (९) मेरा मंदिर अब उजाड़ हो रहा है; तू आकर और उसे नया करके [फिर से] बसा।''

[छाजन-परक अर्थ]

अर्थ—''(१) अब जेष्ठ-अषाढ़ी तपने लगी है, और मुझे [अपने मन्दिर की] छाजन दुःखदायक हो रही है। (२) इस छाजन के लिए तनी (डोरी, बंधन) तथा श्रेष्ठ, (उपयुक्त) तृण (फूल) हो (आ) गए हैं, [फिर भी] मैं संतप्त हो रही हूँ क्योंकि छाजन के अग्रभाग की बल्ली [खिसक कर] सिर पर आ गई है। (३) जब संठा (सन का डंठल) नहीं है, तो बत्ते की कौन सी बात है? और बिना जीव (ऐंठन) के मंजू की डोरी भी बेकार हो गई है। (४) बंधन (रस्सी) नहीं है [जिससे बँड़ेर बाँधी जाए], न बँड़ेर के नीचे खड़ा करने के लिए कंधे हैं और न बाँक (बँड़ेर या ओराती के नीचे कैंचीनुमा लगाए जाने वाले बाँस) हैं (५) टेक के बिना खिसक कर मेरी छाजन कमजोर पड़ गई है, थाम नहीं है कि वह उठ थून है। (७) नयन (छाजन के छिद्र) घर में चू रहे हैं, और बिना छाया का होकर छप्पर छः पल्लों का हो रहा है। (७) वह कोरव कहाँ है जिससे [छप्पर का] नया ठाट साजा जाय? हे कान्त, तुम्हारे बिना छाजन और छज्जा सभी नहीं (निरर्थक) है। (८) अब भी तू ममता की दृष्टि कर और [अन्य] छाजनों को छोड़कर घर आ जा। (९) मेरा मंदिर उजाड़ हो रहा है; तू आ करके और उसे नया करके [पुनः] बसा जा।''

टिप्पणी—(१) छाजनि : [१] ‹आच्छादन=शरीर, [२] ‹छायण‹ छादन=मकान की छाजन। (२) ‹तन : [१] ‹तनु=शरीर, [२] ‹तनिका= डोरी। तिनु‹तृण=[१] घास [२] फूल आदि जिनसे छाजन बनाई जाती है। वर : [१] वरम्=बहुत हुआ तो, [२] श्रेष्ठ, उपयुक्त। झूर‹ज्वल्=

[१] सूखना, [२] संतप्त होना। बिरहा=[१] विरह, वियोग, [२] अलग। आगरि : [१] <अग्र=बढ़ी हुई, [२] छाजन में अग्रभाग की बल्ली। (३) साँठ : [१] <संठिइ<संस्थिति=दशा, स्थिति, अवस्था, [२] सन का डंठल जिसे बत्ते के रूप में ठाट पर फैलाकर सरपत या ईख की पत्तियाँ छाजन में बिछाई जाती है। बात : [१] <वार्ता=बात, [२] बत्ता=संठे या सरकंडे की कमाचियाँ। जिय : [१] <जीव, [२] ऐंठल : इसीलिए अवधी में रस्सी को 'जेंवर' कहते हैं। मूँज<मुञ्ज= ढ१ञ मुँज की रस्सी के समान ऐंठा हुआ, [२] मूँज की रस्सी। तन : [१] <तनु= शरीर, [२] तनिका=डोरी। छूँछ<छुच्छ<तुच्छ=खाली, [२] बेकार। (४) बंध : [१] बन्धु=स्वजन, [२] बन्धन। कंध<स्कन्ध : [१] कन्धा, सहारा, [२] पेड़ के तने का वह भाग जहाँ से शाखाएँ फूटती हैं, जिसे काटकर बँड़ेर आदि को बिछाने के लिए उनके नीचे खड़ा किया जाता है। बाक : [१] <वाक्य=बोल, [२] बाँक=वक्र (?) वे कैंचीनुमा लगी हुई लकड़ियाँ जिन पर बँड़ेर या ओरौती के बाँस रक्खे जाते हैं। (५) रर् : [१] रड़=रट लगाना, [२] रड्ड [दे०]=खिसक कर गिरना। दूबर< दुर्बल [१] दुबला, [२] पतला या कमजोर। टेक=[१] सहारा, [२] बँड़ेर के नीचे लगाई जाने वाली लड़की। थंभ<स्तम्भ [१]=थामने या सहारा देने वाला :—स्वजन, [२] वह लकड़ी जिस पर छाजन की बँड़ेर टिकती है। थूनी<स्थूण=[१] पेड़ का कटा हुआ धड़, [२] थून— वह लकड़ी जो छाजन को उठाने अथवा उसके अग्र भाग को रखने में प्रयुक्त होती है। [६] नयन : [१] नेत्र, [२] छाजन के छिद्र। छप्पर : [१] छप्-छप् की ध्वनि, [२] छद पट=छाजन। छप्पर=[१] 'छप-छप' की ध्वनि, [२] छः पल्लों की वस्तु। (७) कोरें : [१] कौन ऐ मनुष्यो [२] कोरव<कोलम्ब : वे बाँस जो बड़ेर से ओरौती की ओर आते हैं। ठाठ< थट्ट<छज्ज् [दे०]=शोभा देना, [२] <छादक=छंज्जा। (८) छान्हि : [१] <छन्द=बन्धन, [२] छादन-छप्पर।

अवधी-भोजपुरी क्षेत्रों की छाजन-संबंधी प्रक्रियाओं के संबंध में देखिए डॉ० हरिहर प्रसाद गुप्त लिखित 'ग्रामोद्योग शब्दावली' (पृ० ८२-९२) जिसमें यहाँ भी सहायती ली गई है।

(१७) अर्थ (१) [नागमती ने] रो-रोकर [इस प्रकार] बारह मास गँवाए। एक-एक साँस में उसने हजार-हजार दुःख [सहे]। (२) एक-

एक तिल (क्षण) [का समय] एक-एक वर्ष से भी अधिक हो कर बीतता था, और एक-एक प्रहर [जैसे] एक-एक युग में भी नहीं बीतता था। (३) किन्तु मुरारी (कृष्ण) रूप वह प्रिय नहीं आया जिससे वह स्त्री सौभाग्य पाती। (४) संध्या होने पर वह [और भी] संतप्त हो-होकर उसका मार्ग देखती [और कहती,] "कौन सी घड़ी ऐसी आएगी जब प्रिय, तू लौटेगा? (५) मैं तेरे एकान्त नेह में दग्ध होकर कोकिला हो गई हूँ और देह में तोला भर मांस शेष नहीं है। (६) विरह में शरीर इतना गल गया है कि रक्त नही रहा है, वह घुँघची [रक्तबिन्दु] होकर नेत्रों से ढलक गया है। (७) तेरी सेविका यह स्त्री तेरे पैरों लग कर 'हा हा' कर रही है; हे नाथ, तू तोड़े हुए स्नेह को जोड़।" (८) [इस प्रकार] एक वर्ष तक रो-रोकर और चित्त में संतप्त हो-होकर वह स्त्री हार पड़ी (९) और मनुष्यों से घर-घर प्रश्न करने के अनंतर पछियों से पूछने निकली।

टिप्पणी—(२) बरु<वरम्=अपेक्षाकृत अधिक। सिराय्=सिर<सृज्= छोड़कर जाना, बीतना। (३)—(७) इन पंक्तियों में अनेक शब्द ऐसे आते हैं जो एक ओर नायिका का स्वपरक अर्थ देते हैं और दूसरी ओर सुनारी की शब्दावली का प्रयोग करते हैं। (३) सोन=[१] वह नहीं [२] सोना। रूप=[१] रूप, [२] रौप्य, चाँदी। सोहाग=[१] सौभाग्य, [२] सोहागा। सोनारी=[१] वह स्त्री, [२] सुनारिन। (४) झुर< ज्वल्=[१] संतप्त होना, [१] जलना। घरी<घटिका=[१] घड़ी का समय, [२] घरिया जिसमें सुनार धातु गलाता है। फेर=[१] वापसी, [२] फेरना, फिराना। (५) कोइल=[१] कोकिला, [२] कोयला। माँस= [१] मांस, [२] माशा की तौल। (६) रती<रक्तिका=[१] घुँघुची, [२] रत्ती की तौल। (७) चेरी<चेटी=सेविका। चूरा=[१] त्रुट, तोड़ा हुआ, [२] चूड़=पैर की चूड़ियाँ। (८) **झांख<शंक** [दे०]=संतप्त होना।

[नागमती-परक अर्थ]

(१८) **अर्थ**—इस प्रकार प्रश्न करने वाली होकर उसने बनवास लिया, यह चिल्लवास उसे उसकी बैरिन सौत ने दिया था। (२) [उसने कहा,] "मेरे प्रिय, तू मेरे वर्ण को खरा करके कसने लगा है। यदि तू अब भी घर आ जाए, तो क्या गया [बिगड़ा] है? (३) मैं तेरे पंथ का सेवन करते हुए हारी हुई हो गई; अब वहाँ (तेरे पास) कौन-सा सन्देश-वाहक भेजूँ? (४) मेरे शरीर में पांडुरता दौड़ गई है, भला तू

[अब भी] अपना स्थान बता! यदि तेरे चित्त में [मेरे प्रति] रोष है, तो भी [मेरे मन में] दूसरा नाम नहीं है। (५) जिसकी मैंने वाचा ग्रहण कर कंठ से 'प्रिय' कहा, वही गौरवपूर्ण तू [पुनः] मिलाप कर। (६) मैं तो तुझे पुकारते-पुकारते कोयला जैसी हो रही हूँ, ऐ महल्ल (स्वामी), तू पुकार ले, मैं दग्ध हो रही हूँ। (७) हे प्रिय, तू लोल है; हे [मेरे] जल के हंस, आ; विरह मेरे हृदय में प्रविष्ट होकर कर्त्तन-युक्त नाश कर रहा है! (८) अपने पंक्ष के जिस आदमी को मैं विरह की यह बात कह कर जाने के लिए नियुक्त करती हूँ। (९) वही मेरे पक्ष का आदमी [इस विरह-संदेश के जलते हुए होने से जल जाता है, बल्कि [उस अग्नि में] तला जाकर वह निष्पन्न (नष्ट) हो जाता है।"

[पक्षी-परक अर्थ]

(१) वह मोरिनी हुई और उसने वनवास ले लिया। यह वनवास उसकी बैरिन सपत्नी चिल्हवाँस ने दिया था। (२) [उसने कहा,] "खरबान पक्षी [के रूप में] मुझे करके मेरा प्रिय मुझे कसने लगा है, किन्तु ऐ काग, वह अब भी घर आ जाए [तो कुछ बिगड़ा नहीं है]। (३) मैं हारिल होकर उसके मार्ग का सेवन कर रही हूँ; अब वहाँ (उसके पास) किस पारावत को भेजूँ? (४) ऐ श्वेत पंडुक, तू ही प्रिय के स्थान पर जाकर उससे कह, 'यदि तू चित्तरोख भी हो जाएगा, तो भी मैं दूसरा कोई नाम न लूँगी।' (५) ऐ बया, तू ही जा; ऐ लवा, यदि तू उसके गले को लेकर उससे मेरा मिलाप करा दे, तू [लवा नहीं] गौरवा है। (६) मैं कोयल होकर उसे पुकारती रही [किन्तु कोई परिणाम न निकला]; ऐ महरी, तू ही 'दही', 'दही' कहकर उसे पुकार ले। (७) पीली तिलोर और जल हंस, तुम [दोनों] आओ, ऐ कटनांस, [तुम भी देखो न] मेरे हृदय में विरह प्रविष्ट हो गया है। (८) अपनी विरह-वार्ता कहकर मैं जिस पक्षी को भी [प्रिय के पास संदेश ले जाने को] कहती हूँ, (९) वही पक्षी [उस विरह-वार्ता की अग्नि में] जल जाता है, और [जिस] तरुवर [पर वह जा बैठता है, वह] पत्रहीन हो जाता है।"

टिप्पणी—यह छंद शिलष्ट है। कवि ने पक्षियों की नामावली देते हुए नागमती का विरह-निवेदन प्रस्तुत किया है। ऊपर दोनों अर्थ दिए गए हैं। पहले नागमती परक और तदनंतर पक्षी परक। इसी क्रम से शब्दों के दोनों अर्थ भी नीचे दिए जा रहे हैं। (१) पुछारि:-[१] पूछने वाली,

[२] पिछालु, मयूर। चिल्हवाँस—(१) चिल्लवास-चिल्ल नामक वृक्ष का निवास, [२] चील्ह की जाति का एक पक्षी। खरबान [१] खरवर्ण, खराबान, [२] खरबान नाम का पक्षी काग [१] क्या गया है? [२] कौआ। (३) हारिल—[१] हारी हुई [२] हारिल पक्षी। परेवा< पारेवलय= पारावत—[१] संदेशवाहक, [२] पारावत, कबूतर। पंडुक—[१] पाँडु वर्ण की [२] पंडुक पक्षी। (४) चितरोख—(१) चित्त में रोष, [२] चित्तरोख नाम का पक्षी। (५) बया—[१] वचश, [२] एक पक्षी। लवा—(१) लप्=कहा, (२) लवा नाम की चिड़िया। गौरवा—(१) गौरवयुक्त, (२) गोरैया। (६) महर—[१] महल्ल महत्=स्वामी : [तुल दसवें दाव के गा जो दसहरा, पल का सोइ नाउँडँ लै महरा।] (४२४.३) (२) एक पक्षी। दही—[१] दग्ध हुई, [२] महर पक्षी की आवाज [तुल० दही कै महरि पुकारा+[२९.६] (७) पिअर तिलोर—[१] रे रति-लोल, प्रिय [२] पीला तिलोर नामक पक्षी। कट नैसा—[१] कर्त्तन युक्त नाश, [२] कटनास : एक पक्षी। (८) पंखी<पक्षिन्=[१] पक्ष का व्यक्ति। अढव्—किसी कार्य के लिए नियुक्त करना। तरिवर्=[१] वरन् तला जाकर [२] पक्षी। (२) तरुवर। निपात—(१) नष्ट, (२) निष्पत्र, पत्रहीन।

(१९) **अर्थ**—(१) वह कूक लगा-लगाकर कोयल के समान रोई, और उसने रक्त के आँसू गिरा कर [मानो] वन में घुँघुची बो दी; (२) किन्तु वह [विरह-तप्ता] नेत्र और शरीर से राती [होती हुई] भी काले मुख की बनी रही [क्योंकि उसे उसका प्रिय नहीं मिला]। उस विरह-दु:ख-तप्ता को कौन शीतल करता? (३) वह वनवासिनी जहाँ-जहाँ खड़ी होती वहाँ-वहाँ [उसके रक्त के आँसुओं के कारण] घुँघुचियों की राशि हो जाती। (४) [आँसुओं की] एक-एक बूँद में मानो जीव था, और वे बूँदें घुँघुचियाँ [बनकर] मानो गूँज-गूँज कर 'प्रिय', 'प्रिय' कर (कह) रही थीं। (५) उसके [विरह] दु:ख से दग्ध होकर पलाश पत्रहीन हो गए, [किन्तु पुन:] उस रुधिर में डूब कर (लाल पुष्पों से लदकर) चमकीले हो उठे। (६) बिम्ब (कुदरू के पके फल) उसी रुधिर से रक्त हो गए, परवल भी उसी से पक [कर लाल हो] गया; और गेहूँ का हृदय फट गया। (७) जहाँ भी देखिए (वहाँ) वही लाल हो रहा है; फिर भी जहाँ वह रत्न (रत्नसेन) था, वहाँ जाकर कौन यह बात कहता? (८) [वह कहने लगी] "उस देश में न वर्षा होती है, न

हेमन्त और न बसन्त, (९) और न वहाँ कोकिल और पपीहे होते हैं, इसलिए किसे सुनकर मेरा कान्त आवे?''

टिप्पणी—(२) रात<रत्त<लाल। सिराव्<सिअराव्<शीतलय्=शीतल करना। तात<तत्त=तप्त। (४) गूँजा—घुँघची। (५) डह<दाह=दग्ध होना। निपात<निष्पक्ष। पूड़<बुड्ड बुड<डूबन। प्रभात=चमकीला। (८) पावस< प्रावृट=वर्षा। देसरा<देश+डा=देश हेवत<हेमन्त।

(२०) **अर्थ**—(१) वह (नागमती) बार-बार [इसी प्रकार] रोई, किन्तु कोई भी [उसके इस करुण क्रन्दन पर] हिला नहीं (द्रवित नही हुआ)। तब आधी रात को एक पक्षी बोला, (२) ''तूने बार-बार समस्त पक्षियों को दग्ध किया, तो ऐसा कौन-सा दुःख है जिससे तू रात को भी आँख नहीं लगाती (सोती नहीं) है? (३) [यह प्रश्न सुनकर] नागमती कारणा करके (वेदना युक्त स्वर में) रो उठी (और कहने लगी) ''यदि कोई स्त्री कान्त से वियुक्ता है, तो वह क्या (किस प्रकार) सोवे? वह [प्रिय] मन-चित्त से भूलकर भी विस्मृत नहीं होता है, और मेरे नेत्रों का जल चक्षुओं में नहीं रह पाता है। (५)। [उस कान्त ने] कहा था ''मैं सिंहल द्वीप जा रहा हूँ।' उसी स्वाती (कान्त के दर्शन) के लिए मेरे नेत्र सीप बने हुए हैं। (६) जबसे वह नाथ योगी होकर निकल गया, तबसे उसने किसी से [अपना] संदेश नहीं कहा। (७) मैं नित्य ही समस्त योगियों और जंगमों से पूछती हूँ, किन्तु, ऐ विहग, कोई ठिकाने की बात [उसके विषय में] नहीं कहता है। (८) [मेरे लिए अब] पृथ्वी के चारों चक्र उजाड़ (निर्जन) हो गये हैं, [क्योकि कोई मेरे दुःख को सुनने वाला नहीं है] और यदि तुझसे हो सके; तो तू मेरा संदेश सँभाल, (९) मैं अपना विरह-दुःख तब कहूँ, यदि एक दण्ड तक तू बैठकर उसे सुन।''

टिप्पणी—(२) दाध्=दग्ध करना। (३) कारन<कारणा=पीड़ा, वेदना। (४) बिसर्<विस्सर<विस्मृ=भूलना। (५) सीप<सुत्ति<शुक्ति=सीपी। (७) जंगम=शैवसाधु। निजु=ठिकाने की, प्रामाणिक। (९) डँड<डंड< दण्ड=घड़ी।

(२१) **अर्थ**—(१) ''हे भाई, दुःख उससे कहना चाहिए जिसे सुनने के अनंतर अन्य की पीड़ा का अनुभव होता हो। (२) भीम होकर कौन दंगवै को स्वीकार करेगा? मेरी चाह (खबर) कौन सिंहल को ले

जाएगा? (३) जहाँ (जब कि) मेरे कान्त योगी होकर गए हैं, मैं वियोगिनी [उनके वादन के लिए] किन्नरी वीणा होकर सन्तप्त हो रही हूँ। (४) जहाँ (जब कि) वह सिंगी पूर रहे और गुरु (प्रेमिका) से मिल रहे हैं, मैं [उनके शरीर पर लगने के लिए] भस्म हो चुकी हूँ, [यद्यपि] वे आकर मुझ भस्म को समेट नहीं रहे हैं। (५) मेरे प्रिय की कथा जो आकर मुझसे कहे, मैं उसकी पाँवरी (जूती) और जन्म-भर की सेविका होने के लिए प्रस्तुत हूँ। (६) उस [प्रिय] के गुणों का स्मरण करते-करते मैं [उनके योग्य] जपमाला बन गई हूँ। वह अब भी नहीं वापस हुआ है यद्यपि मेरी खाल [वन-वन भटकते हुए] उधड़ गई है। [और वह उस योगी के लिए उपयुक्त चर्म बन गई है]। (७) विरह को करोई (नारियल का करवा) और हृदय को खप्पर करके, मेरा जीव अब पवन का आधारी हो रहा है। (८) मेरी हड्डियाँ ही सूखकर [उसके वादन के लिए उपयुक्त] किन्नरी वीणा बन गई हैं, मेरी नसें उसकी ताँतें हो गई हैं, (९) और मेरे शरीर के रोम-रोम से [उसकी किंगरी की] ध्वनि उठ रही है, इस प्रकार तुम मेरी व्यथा [मेरे कान्त से] कहना।''

टिप्पणी—(१) बीर=भाई। (२) को होइ भीवै दंगवै परिगाहा=कौन भीम होकर दगवै को स्वीकार करेगा परिगाह<पडिगाह<प्रति+ग्रह=ग्रहण करना, स्वीकार करना]। भीम ने दंगवै को किस प्रकार अंगीकार किया था, इसके लिए दे० १९६.९ की टिप्पणी तथा 'पद्मावत में भीम और दंगवै' शीर्षक प्रस्तुत लेखक का लेख 'हिन्दी अनुशीलन', भाग ११, पृ० १२। दंगवै : मेरे 'जायसी ग्रंथावली' संस्करण में पाठ् 'अंगवै' था, इस 'अंगवै' के स्थान पर 'दंगवै' के सुझाव के लिए डॉ० वासुदेवशरण अग्रवाल का आभारी हूँ, यद्यपि अर्थ के सम्बन्ध में उनसे मेरा मतभेद है। चाह=कुशल-समाचार, खबर। (३.९) इन पंक्तियों में नागमती कहना चाहती कि योग के लिए जिन उपकरणों की आवश्यकता होती है वे सभी अब मेरे जीवन में आ गए हैं, और उन्हें मेरा कान्त मुझमें ही प्राप्त कर सकता है। (३) किंगरी<किन्नरी=एक प्रकार की सारंगी जो ताँतों की बनी होती है और योगियों के द्वारा बजाई जाती है। झर्<ज्वल्=सूखना, सन्तप्त होना। (४) सिंगी<शृंग=सींग का बाजा। यह भी योगियों के द्वारा बजाया जाता है।

•

तुलसीदास

अयोध्याकाण्ड

१. श्रीरामचन्द्र ने मुनि को दण्डवत् किया। विप्रश्रेष्ठ मुनि ने उन्हें आशीर्वाद दिया। श्रीरामचन्द्रजी की छवि देखकर मुनि के नेत्र शीतल हो गये। सम्मानपूर्वक मुनि उन्हें आश्रम में ले आये। श्रेष्ठ मुनि बाल्मीकिजी ने प्राणप्रिय अतिथियों को पाकर उनके लिये मधुर कन्द, मूल और फल मँगवाये। श्री सीता जी, लक्ष्मणजी और रामचन्द्रजी ने फलों को खाया। तब मुनि ने उनको [विश्राम करने के लिये] सुन्दर स्थान बतला दिये। [मुनि श्रीराम जी के पास बैठे हैं और उनकी] मंगल-मूर्ति को नेत्रों से देखकर बाल्मीकिजी के मन में बड़ा भारी आनन्द हो रहा है। तब श्रीरघुनाथ जी कमल सदृश हाथों को जोड़कर, कानों को सुख देने वाले मधुर वचन बोले—हे मुनि नाथ! आप त्रिकालदर्शी हैं। सम्पूर्ण विश्व आपके लिये हथेली पर रक्खे हुए बेर के समान है। प्रभु श्रीरामचन्द्रजी ने ऐसा कहकर फिर जिस-जिस प्रकार से रानी कैकेयी ने वनवास दिया, वह सब कथा विस्तार से सुनायी। [और कहा—] हे प्रभो! पिता की आज्ञा [का पालन], माता का हित और भरत-जैसे [स्नेही एवं धर्मात्मा] भाई का राजा होना और फिर मुझे आपके दर्शन होना यह सब मेरे पुण्यों का प्रभाव है।

२. हे मुनिराज! आपके चरणों का दर्शन करने से आज हमारे सब पुण्य सफल हो गये (हमें सारे पुण्यों का फल मिल गया) अब जहाँ आपकी आज्ञा हो और जहाँ कोई भी मुनि उद्वेग को प्राप्त न हो—क्योंकि जिनसे मुनि और तपस्वी दुःख पाते हैं, वे राजा बिना अग्नि के ही (अपने दुष्ट कर्मों से ही) जलकर भस्म हो जाते हैं। ब्राह्मणों का संतोष सब मंगलों की जड़ है और भूदेव ब्राह्मणों का क्रोध कुलों को

भस्म कर देता है। ऐसा हृदय में समझकर वह स्थान बतलाइये जहाँ मैं लक्ष्मण और सीतासहित जाऊँ। और वहाँ सुन्दर पत्तों और घास की कुटी बनाकर, हे दयालु! कुछ समय निवास करूँ। श्रीराम जी की सहज ही सरल वाणी सुनकर ज्ञानी मुनि बाल्मीकि बोले—धन्य! धन्य हे रघुकुल के ध्वजास्वरूप! आप ऐसा क्यों न कहेंगे? आप सदैव वेद की मर्यादा का पालन (रक्षण) करते हैं।

हे राम! आप वेद की मर्यादा के रक्षक जगदीश्वर हैं और जानकीजी [आपकी स्वरूपभूता] माया हैं, जो कृपा के भण्डार आपका रुख पाकर जगत् का सृजन, पालन और संहार करती हैं। जो हजार मस्तकवाले सर्पों के स्वामी और पृथ्वी को अपने सिर पर धारण करने वाले हैं, वही चराचर के स्वामी शेष जी लक्ष्मण हैं। देवताओं के कार्य के लिये आप राजा का शरीर धारण करके दुष्ट राक्षसों की सेना का नाश करने के लिए चले हैं। हे राम! आपका स्वरूप वाणी के अगोचर, बुद्धि से परे, अव्यक्त, अकथनीय और अपार है। वेद निरन्तर उसका 'नेति-नेति' कहकर वर्णन करते हैं।

३. हे राम! जगत् दृश्य है, आप उनके देखने वाले हैं। आप ब्रह्मा, विष्णु और शंकर को भी नचाने वाले हैं। जब वे भी आपके मर्म को नहीं जानते, तब और कौन आपको जानने वाला है। वही आपको जानता है जिसे आप जना देते हैं और जानते ही वह आपका ही स्वरूप बन जाता है। हे रघुनन्दन! हे भक्तों के हृदय के शीतल करने वाले चन्दन! आपकी ही कृपा से भक्त आपको जान पाते हैं। आपकी देह चिदानन्दमय है, (यह प्रकृतिजन्य पंचमहाभूतों की बनी हुई कर्म बन्धनयुक्त, त्रिदेहविशिष्ट मायिक नहीं है) और [उत्पत्ति नाश, वृद्धि क्षय आदि] सब विकारों से रहित है; इस रहस्य को अधिकारी पुरुष ही जानते हैं! आपने देवता और संतों के कार्य के लिये [दिव्य] नर-शरीर धारण किया है; और प्राकृत (प्रकृति के तत्त्वों से निर्मित देहवाले, साधारण) राजाओं की तरह से कहते और करते हैं। हे राम! आप के चरित्रों को देखकर और सुनकर मूर्ख लोग तो मोह को प्राप्त होते हैं और ज्ञानीजन सुखी होते हैं। आप जो कुछ कहते, करते हैं वह सब सत्य (उचित) ही है; क्योंकि जैसा स्वांग भरे वैसा ही नाचना भी तो चाहिए (इस समय आप मनुष्य रूप में हैं; अतः मनुष्योचित व्यवहार करना ठीक ही है।)

आपने मुझसे पूछा कि मैं कहाँ रहूँ? परन्तु मैं यह पूछते संकुचाता हूँ कि जहाँ आप न हों, वह स्थान बता दीजिये। तब मैं आपके रहने के लिये स्थान दिखाऊँ।

४. मुनि के प्रेम रस से सने हुए वचन सुनकर श्रीरामचन्द्र जी [रहस्य खुल जाने के डर से] सकुचा कर मन में मुसकराये। वाल्मीकि जी हँसकर फिर अमृत-रस में डुबोयी हुई मीठी वाणी बोले—हे रामजी? सुनिये, अब मैं वे स्थान बताता हूँ जहाँ आप सीता जी और लक्ष्मण जी समेत निवास करिये जिनके कान समुद्र की भाँति अपनी सुन्दर कथारूपी अनेकों सुन्दर नदियों से—निरन्तर भरते रहते हैं, परन्तु कभी पूरे (तृप्त) नहीं होते, उनके हृदय आपके लिए सुन्दर घर हैं और जिन्होंने अपने नेत्रों को चातक बना रक्खा है, जो आपके दर्शन रूपी मेघ के लिये सदा लालायित रहते हैं, तथा जो भारी-भारी नदियों, समुद्रों और झीलों का निरादर करते हैं और आपके सौन्दर्य [रूपी मेघ] के एक बूँद जल से सुखी हो जाते हैं (अर्थात् आपके दिव्य सच्चिदानन्द मय स्वरूप के किसी एक अंग की जरा सी भी झाँकी के सामने स्थूल, सूक्ष्म और ब्रह्मलोक तक के सौन्दर्य का तिरस्कार करते हैं), हे रघुनाथ जी! उन लोगों के हृदय रूपी सुखदायी भवनों में आप भाई लक्ष्मण जी और सीता जी सहित निवास कीजिए। आपके यशरूपी निर्मल मानसरोवर में जिसकी जीभ हंसिनी बनी हुई आपके गुण समूह रूपी मोतियों को चुगती रहती है, हे रामजी! आप उसके हृदय में बसिये।

५. जिसकी नासिका प्रभु (आप) के पवित्र और सुगन्धित [पुष्पादि] सुन्दर प्रसाद की नित्य आदर के साथ ग्रहण करती (सूँघती) है, और जो आपको अर्पण करके भोजन करते हैं और आपके प्रसाद रूप ही वस्त्राभूषण धारण करते हैं; जिनके मस्तक देवता, गुरु और ब्राह्मणों को देखकर बड़ी नम्रता के साथ प्रेम सहित झुक जाते हैं। जिनके हाथ नित्य श्रीरामचन्द्र जी (आप) के चरणों की पूजा करते हैं, और जिनके हृदय में श्रीरामचन्द्र जी (आप) का ही भरोसा है, दूसरा नहीं; तथा जिनके चरण श्रीरामचन्द्र जी (आप) के तीर्थों में चलकर जाते हैं; हे रामजी! आप उनके मन में निवास कीजिए। जो नित्य आपके [रामनाम रूप] मन्त्रराज को जपते हैं और परिवार (परिकर) सहित आपकी पूजा करते हैं। जो अनेकों प्रकार से तर्पण और हवन करते हैं, तथा ब्राह्मणों को

भोजन कराकर बहुत दान देते हैं; तथा जो गुरु को हृदय में आपसे भी अधिक (बड़ा) जानकर सर्व भाव से सम्मान करके उनकी सेवा करते हैं; और ये सब कर्म करके सबका एकमात्र यही फल माँगते हैं कि श्रीरामचन्द्र जी के चरणों में हमारी प्रीति हो; उन लोगों के मन रूपी मन्दिरों में सीता जी और रघुकुल को आनन्दित करने वाले आप दोनों बसिये।

६. जिनके न तो काम, क्रोध, मद, अभिमान और मोह है; न लोभ है, न क्षोभ है; न राग है, न द्वेष है; और न कपट, दम्भ और माया ही है—हे रघुराज! आप उनके हृदय में निवास कीजिये। जो सबके प्रिय और सबका हित करने वाले हैं; जिन्हें दुःख और सुख तथा प्रशंसा (बड़ाई) और गाली (निन्दा) समान हैं, जो विचार कर सत्य और प्रिय वचन बोलते हैं तथा जो जागते-सोते आपकी ही शरण में हैं, और आपको छोड़कर जिनके दूसरी कोई गति (आश्रय) नहीं है, हे रामजी! आप उनके मन में बसिये। जो परायी स्त्री को जन्म देने वाली माता के समान जानते हैं और पराया धन जिन्हें विप्र से भी भारी विष है; जो दूसरे की सम्पत्ति देखकर हर्षित होते हैं और दूसरे की विपत्ति देखकर विशेष रूप से दुखी होते हैं, और हे रामजी! जिन्हें आप प्राणों के समान प्यारे हैं उनके मन आपके रहने योग्य शुभ भवन हैं; हे तात! जिनके स्वामी, सखा, पिता, माता और गुरु सब कुछ आप ही हैं; उनके मन रूपी मन्दिर में सीता सहित आप दोनों भाई निवास कीजिए।

७. जो अवगुणों को छोड़कर सबके गुणों को ग्रहण करते हैं, ब्राह्मण और गौ के लिए संकट सहते हैं, नीति-निपुणता में जिनकी जगत् में मर्यादा है, उनका सुन्दर मन आपका घर है। जो गुणों को आपका और दोषों को अपना समझता है, जिसे सब प्रकार से आपका ही भरोसा है, और राम भक्त जिसे प्यारे लगते हैं, उसके हृदय में आप सीता सहित निवास कीजिये। जाति, पाँति, धन, धर्म, बड़ाई, प्यारा परिवार और सुख देने वाला घर—सबको छोड़कर जो केवल आपको की हृदय में धारण किये रहता है, हे, रघुनाथ जी! आप उसके हृदय में रहिये, स्वर्ग, नरक और मोक्ष जिसकी दृष्टि में समान हैं, क्योंकि वह जहाँ-जहाँ (सब जगह) केवल धनुष बाण धारण किये आपको ही देखता है; जो कर्म से, वचन से और मन से आपका दास है, हे रामजी! आप उनके हृदय में डेरा

कीजिए। जिसको कभी कुछ भी नहीं चाहिए और जिसका स्वाभाविक प्रेम है, आप उसके मन में निरन्तर निवास कीजिये, वह आपका अपना घर है।

८. इस प्रकार मुनि श्रेष्ठ बाल्मीकि जी ने श्रीरामचन्द्र जी को घर दिखाये। उनके प्रेम पूर्ण वचन श्रीराम जी के मन को अच्छे लगे। फिर मुनि ने कहा—हे सूर्यकुल के स्वामी! सुनिये, अब मैं इस समय के लिये सुखदायक आश्रम कहता हूँ (निवास स्थान बतलाता हूँ) आप चित्रकूट पर्वत पर निवास कीजिये, वहाँ आपके लिये सब प्रकार की सुविधा है। सुहावना पर्वत है और सुन्दर वन है। वह हाथी, सिंह, हिरन और पक्षियों का विहार स्थल है। वहाँ पवित्र नदी है, जिसकी पुराणों ने प्रशंसा की है और जिसको अत्रि ऋषि की पत्नी अनसूया जी अपने तपोवन से लायी थीं। वह गंगा जी की धारा है, उसका मन्दाकिनी नाम है। वह सब पाप रूपी बालकों को खा डालने के लिए डाकिनी (डाइन) रूप है। अत्रि आदि बहुत से श्रेष्ठ मुनि वहाँ निवास करते हैं, जो योग, जप और तप करते हुये शरीर को कसते हैं। हे रामजी! चलिये, सबके परिश्रम को सफल कीजिए और पर्वत श्रेष्ठ चित्रकूट को भी गौरव दीजिए। महामुनि बाल्मीकि जी ने चित्रकूट की अपरिमित महिमा बखान कर कही। तब सीताजी सहित दोनों भाइयों ने आकर श्रेष्ठ नदी मन्दाकिनी में स्नान किया।

९. श्रीरामचन्द्र जी ने कहा—लक्ष्मण! बड़ा अच्छा घाट है। अब यहीं कहीं ठहरने की व्यवस्था करो। तब लक्ष्मण जी ने पयस्विनी नदी के उत्तर के ऊँचे किनारे को देखा [और कहा कि—] इसके चारों ओर धनुष के जैसा एक नाला फिरा हुआ है। नदी (मन्दाकिनी) उस धनुष की प्रत्यंचा (डोरी) है और सम, दम, दान, बाण हैं। कलियुग के समस्त पाप उसके अनेकों हिंसक पशु [रूप निशाने] हैं। चित्रकूट ही मानो अचल शिकारी है, जिसका निशाना कभी चूकता नहीं, और जो सामने से मारता है। ऐसा कहकर लक्ष्मण जी ने स्थान दिखलाया। स्थान को देखकर श्रीरामचन्द्र जी ने सुख पाया। जब देवताओं ने जाना कि श्रीरामचन्द्र जी का मन यहाँ रम गया तब वे देवताओं के प्रधान थवई (मकान बनाने वाले) विश्वकर्मा को साथ लेकर चले। सब देवता कोल-भीलों के वेष में आये और उन्होंने [दिव्य] पत्तों और घासों के

सुन्दर घर बना दिये। दो ऐसी सुन्दर कुटियाँ बनायीं जिनका वर्णन नहीं हो सकता। उनमें एक बड़ी सुन्दर छोटी सी थी और दूसरी बड़ी थी। लक्ष्मण जी और जानकी जी सहित प्रभु श्रीरामचन्द्र जी सुन्दर घास-पत्तों के घर में शोभायमान हैं। मानो कामदेव मुनि का वेष धारण करके पत्नी रति और वसन्त ऋतु के साथ सुशोभित हों।

१०. उस समय देवता, नाग, किन्नर और दिक्पाल चित्रकूट में आये और श्रीरामचन्द्र ने सब किसी को प्रणाम किया। देवता नेत्रों का लाभ पाकर आनन्दित हुए। फूलों की वर्षा करके देव समाज ने कहा—हे नाथ! आज [आपका दर्शन पाकर] हम सनाथ हो गये। फिर विनती करके उन्होंने अपने दु:सह दु:ख सुनाये, और [दु:खों के नाश का आश्वासन पाकर] हर्षित होकर अपने-अपने स्थानों को चले गये। श्री रघुनाथ जी चित्रकूट में आ बसे हैं, यह समाचार सुनकर बहुत से मुनि आये। रघुकुल के चन्द्रमा श्रीरामचन्द्र जी ने मुदित हुई मुनि मण्डली को आते देखकर दण्डवत् प्रणाम किया। मुनिगण श्रीरामचन्द्र जी को हृदय से लगा लेते हैं और सफल होने के लिए आशीर्वाद देते हैं। वे सीता जी, लक्ष्मण जी और श्रीराचन्द्र जी की छवि देखते हैं और अपने सारे साधनों को सफल हुआ समझते हैं। प्रभु श्रीरामचन्द्र जी ने यथायोग्य सम्मान करके मुनि मण्डली को विदा किया। [श्रीरामचन्द्र जी के आ जाने से] वे सब अपने-अपने आश्रमों में अब स्वतन्त्रता के साथ योग, जप, यज्ञ और तप करने लगे।

११. यह (श्रीराम जी के आगमन का) समाचार जब कोल भीलों ने पाया, तो वे ऐसे हर्षित हुए मानो नवों निधियाँ उनके घर ही पर आ गयी हों। वे दोनों में कन्द, मूल, फल भर-भरकर चले। मानो दरिद्र सोना लूटने चले हों। उनमें से जो दोनों भाइयों को [पहले] देख चुके थे, उनसे दूसरे लोग रास्ते में आते हुए पूछते हैं। इस प्रकार श्रीरामचन्द्र जी की सुन्दरता कहते-सुनते सबने आकर श्रीरघुनाथ जी के दर्शन किये। भेंट आगे रखकर वे लोग जोहार करते हैं और अत्यन्त अनुराग के साथ प्रभु को देखते हैं। वे मुग्ध हुए जहाँ के तहाँ मानो चित्र लिखे से खड़े हैं। उनके शरीर पुलकित हैं और नेत्रों में प्रेमाश्रुओं के जल की बाढ़ आ रही है। श्रीराम जी ने उन सबको प्रेम में मगन जाना, और प्रिय वचन कहकर सबका सम्मान किया। वे बार-बार प्रभु श्रीराचन्द्र जी को

जोहार करते हुए हाथ जोड़कर विनीत वचन कहते हैं—हे नाथ! प्रभु (आप) के चरणों का दर्शन पाकर अब हम सब सनाथ हो गये। हे कोमलराज! हमारे ही भाग्य से आपका यहाँ शुभागमन हुआ है।

१२. हे नाथ! जहाँ-जहाँ आपने अपने चरण रक्खे हैं, वे पृथ्वी, वन, मार्ग और पहाड़ धन्य हैं, वे वन में विचरने वाले पक्षी और पशु धन्य हैं; जो आपको देखकर सफल जन्म हो गये। हम सब भी अपने परिवार सहित धन्य हैं, जिन्होंने नेत्रभर आपका दर्शन किया। आपने बड़ी अच्छी जगह विचार कर निवास किया है। यहाँ सभी ऋतुओं में आप सुखी रहियेगा। हम लोग सब प्रकार से हाथी, सिंह, सर्प और बाघों से बचाकर आपकी सेवा करेंगे। हे प्रभो! यहाँ के बीहड़ वन, पहाड़, गुफाएँ और खोह (दर्रे) सब पग-पग हमारे देखे हुए हैं। हम यहाँ-वहाँ (उन-उन स्थलों में) आपको शिकार खिलायेंगे और तालाब, झरने आदि जलाशयों को दिखायेंगे। हम कुटुम्ब समेत आपके सेवक हैं। हे नाथ! इसलिए हमें आज्ञा देने में संकोच न कीजियेगा। जो वेदों के वचन और मुनियों के मन को भी अगम हैं, वे करुणा के धाम प्रभु श्रीरामचन्द्र जी भीलों के वचन इस तरह सुन रहे हैं जैसे पिता बालकों के वचन सुनता है।

१३. श्रीरामचन्द्र जी को केवल प्रेम प्यारा है; जो जानने वाला ही (जानना चाहता हो), वह जान ले। तब श्रीरामचन्द्र जी ने प्रेम से परिपुष्ट हुए (प्रेमपूर्ण) कोमल वचन कहकर उन सब वन में विचरण करने वाले लोगों को संतुष्ट किया। फिर उनको विदा किया। वे सिर नवा कर चले और प्रभु के गुण कहते-सुनते घर आये। इस प्रकार देवता और मुनियों को सुख देने वाले दोनों भाई सीता जी समेत वन में निवास करने लगे। जब से श्रीरघुनाथ जी वन में आकर रहे तब से वन मंगलदायक हो गया। अनेकों प्रकार के वृक्ष फूलते और फलते हैं और उन पर लिपटी हुई सुन्दर बेलों के मण्डप तने हैं। वे कल्प वृक्ष के समान स्वाभाविक ही सुन्दर हैं। मानो वे देवताओं के वन (नन्दन वन) को छोड़कर आये हों। भौरों की पंक्तियाँ बहुत ही सुन्दर गुंजार करती हैं और सुख देने वाली शीतल, मन्द, सुगन्धित हवा चलती रहती है। नीलकण्ठ, कोमल, तोते, पपीहे, चकवे, और चकोर आदि पक्षी कानों को सुख देने वाली और चित्त को चुराने वाली तरह-तरह की बोलियाँ बोलते हैं।

१४. हाथी, सिंह, बन्दर, सूअर और हिरन, ये सब बैर छोड़कर साथ-साथ विचरते हैं। शिकार के लिए फिरते हुए श्रीरामचन्द्र जी की छवि को देखकर पशुओं के समूह विशेष आनन्दित होते हैं। जगत् में जहाँ तक (जितने) देवताओं के वन हैं, सब श्रीरामचन्द्र जी को वन में देखकर सिहाते हैं। गंगा, सरस्वती, सूर्यकुमारी यमुना, नर्मदा, गोदावरी आदि धन्य (पुण्यमयी) नदियाँ, सारे तालाब, समुद्र, नदी और अनेकों नदी सब मन्दाकिनी की बड़ाई करते हैं। उदयाचल, अस्ताचल, कैलाश, मन्दराचल और सुमेरु आदि सब, जो देवताओं के रहने के खास स्थान हैं और हिमालय आदि जितने पर्वत हैं, सभी चित्रकूट का यश गाते हैं। विन्ध्याचल बड़ा आनन्दित है, उसके मन में सुख समाता नहीं; क्योंकि उसने बिना परिश्रम ही बहुत बड़ी बड़ाई पा ली है। चित्रकूट के पक्षी, पशु, बेल, वृक्ष, तृण अंकुरादि की सभी जातियाँ पुण्य की राशि हैं और धन्य हैं—देवता दिन रात ऐसा कहते हैं।

१५. आँखों वाले जीव श्रीरामचन्द्र जी को देखकर जन्म का फल पाकर शोक रहित हो जाते हैं, और अचर (पर्वत, वृक्ष, भूमि, नदी आदि) भगवान की चरण रज का स्पर्श पाकर खुशी होते हैं। यों सभी परम पद (मोक्ष) के अधिकारी हो गये। वह वन और पर्वत स्वाभाविक ही सुन्दर, मंगलमय और अत्यन्त पवित्रों को भी पवित्र करने वाला है। उनकी महिमा किस प्रकार कही जाय, जहाँ सुख के समुद्र श्रीराम जी ने निवास किया है। क्षीर सागर को त्याग कर और अयोध्या को छोड़कर जहाँ सीता जी लक्ष्मण जी और श्रीरामचन्द्र जी आकर रहे, उस वन की जैसी परम शोभा है, उसको हजार मुख वाले जो लाख शेष जी हों तो वे भी नहीं कह सकते। उसे भला, मैं किस प्रकार से वर्णन करके कह सकता हूँ। कहीं पोखरे का [क्षुद्र] कछुवा भी मन्दराचल उठा सकता है? लक्ष्मण जी मन, वचन और कर्म से श्रीरामचन्द्र जी की सेवा करते हैं। उनके शील और स्नेह का वर्णन नहीं किया जा सकता। क्षण-क्षण पर श्री सीताराम जी के चरणों को देखकर और अपने ऊपर उनका स्नेह जान कर लक्ष्मण जी स्वप्न में भी भाइयों, माता-पिता और घर की याद नहीं करते।

१६. श्रीरामचन्द्र जी के साथ सीता जी अयोध्यापुरी, कुटुम्ब के लोग और घर की याद भूलकर बहुत ही सुखी रहती हैं। क्षण-क्षण पर पति श्रीरामचन्द्र जी के चन्द्रमा के समान मुख को देखकर वे वैसे ही परम

प्रसन्न रहती हैं जैसे चकोर कुमारी (चकोरी) चन्द्रमा को देखकर। स्वामी का प्रेम अविराम नित्य बढ़ता हुआ देखकर सीता जी ऐसी हर्षित रहती हैं जैसे दिन में चकवी! सीता जी का मन श्रीरामचन्द्र जी के चरणों में अनुरक्त है इससे उनको वन हजारों अवध के समान प्रिय लगता है। प्रियतम (श्रीरामचन्द्र जी) के साथ पर्णकुटी प्यारी लगती है। मृग और पक्षी प्यारे कुटुम्बियों के समान लगते हैं। मुनियों की स्त्रियाँ सास के समान, श्रेष्ठ मुनि ससुर के समान और कन्द-मूल फलों का आहार उनको अमृत के समान लगता है। स्वामी के साथ सुन्दर साथरी (कुश और पत्तों की सेज) सैकड़ों कामदेव की सेजों के समान सुख देने वाली है। जिनके [कृपापूर्वक] देखने मात्र से जीव लोकपाल होते हैं उनको कहीं भोग-विलास मोहित कर सकते हैं जिन श्री रामचन्द्र जी का स्मरण करने से ही भक्तजन तमाम भोग-विलास को तिनके के समान त्याग देते हैं, उन श्रीरामचन्द्र जी की प्रिय पत्नी और जगत् की माता सीता जी के लिए [भोग-विलास का त्याग] कुछ भी आश्चर्य नहीं है।

१७. सीता जी और लक्ष्मण जी को जिस प्रकार सुख मिले, श्री रघुनाथ जी वही करते और वही कहते हैं। भगवान् प्राचीन कथाएँ और कहानियाँ कहते हैं और लक्ष्मण जी तथा सीता जी अत्यन्त सुख जानकर सुनते हैं। जब-जब श्रीराचन्द्र जी अयोध्या की याद करते हैं, तब-तब उनके नेत्रों में जल भर आता है। माता-पिता, कुटुम्बियों और भाइयों तथा भरत के प्रेम, शील और सेवा भाव याद करके—कृपा के समुद्र श्रीरामचन्द्र जी दुखी हो जाते हैं, किन्तु फिर कुसमय समझ कर धीरज धारण कर लेते हैं। श्रीरामचन्द्र जी को दुखी देखकर सीता जी और लक्ष्मण जी भी व्याकुल हो जाते हैं, जैसे किसी मनुष्य की परछाहीं उस मनुष्य के समान ही चेष्टा करती है। तब धीर, कृपालु और भक्तों के हृदयों को शीतल करने के लिए चन्दनरूप रघुकुल को आनन्दित करने वाले श्रीरामचन्द्र जी प्यारी पत्नी और भाई लक्ष्मण की दशा देखकर कुछ पवित्र कथाएँ कहने लगते हैं, जिन्हें सुनकर लक्ष्मण जी और सीता जी सुख प्राप्त करते हैं।

लक्ष्मण जी और सीता जी सहित श्रीरामचन्द्र जी पर्णकुटी में ऐसे सुशोभित हैं जैसे अमरावती में इन्द्र अपनी पत्नी शची और पुत्र जयन्त सहित बसता है।

१८. प्रभु श्रीरामचन्द्र जी सीता जी और लक्ष्मण जी को कैसे सँभाल रखते हैं, जैसे पलकें नेत्रों के गोलकों की। इधर लक्ष्मण जी सीता जी और श्रीरामचन्द्र जी की [अथवा लक्ष्मण जी और सीता जी श्रीरामचन्द्र जी की] ऐसी सेवा करते हैं जैसे अज्ञानी मनुष्य शरीर की करते हैं। पक्षी, पशु, देवता और तपस्वियों के हितकारी प्रभु इस प्रकार सुखपूर्वक वन में निवास कर रहे हैं। तुलसीदास जी कहते हैं—मैंने श्रीरामचन्द्र जी का सुन्दर वन गमन कहा। अब जिस तरह सुमन्त्र अयोध्या में आये वह [कथा] सुनो। प्रभु श्रीरामचन्द्र जी को पहुँचा कर जब निषादराज लौटा, तब आकर उसने रथ को मन्त्री (सुमन्त्र) सहित देखा। मन्त्री को व्याकुल देखकर निषाद को जैसा दुःख हुआ, वह कहा नहीं जाता। [निषाद को अकेले आया देखकर] सुमन्त्र हा राम! हा राम ! हा सीते! हा लक्ष्मण! पुकारते हुए, बहुत व्याकुल होकर धरती पर गिर पड़े। [रथ के] घोड़े दक्षिण दिशा की ओर [जिधर श्रीरामचन्द्र जी गये थे] देख-देखकर हिनहिनाते हैं। मानो बिना पंख के पक्षी व्याकुल हो रहे हों।

वे न तो घास चरते हैं, न पानी पीते हैं। केवल आँखों से जल बहा रहे हैं। श्रीरामचन्द्र जी के घोड़ों को इस दशा में देखकर सब निषाद व्याकुल हो गये।

१९. तब धीरज धरकर निषाद राज कहने लगा—हे सुमन्त्र जी! अब विषाद को छोड़िये। आप पण्डित और परमार्थ के जानने वाले हैं। विधाता को प्रतिकूल जानकर धैर्य धारण कीजिये। कोमल वाणी से भाति-भाँति की कथाएँ कहकर निषाद ने जबर्दस्ती लाकर सुमन्त्र को रथ पर बैठाया। परन्तु शोक के मारे वे इतने शिथिल हो गये कि रथ को हाँक नहीं सकते। उनके हृदय में श्रीरामचन्द्र जी के विरह की बड़ी तीव्र वेदना है। घोड़े तड़फड़ाते हैं और [ठीक] रास्ते पर नहीं चलते। मानो जंगली पशु लाकर रथ में जोत दिये गये हों। वे श्रीरामचन्द्र जी के वियोगी घोड़े कभी ठोकर खाकर गिर पड़ते हैं, कभी घूमकर पीछे की ओर देखने लगते हैं। वे तीक्ष्ण दुःख से व्याकुल हैं। जो कोई राम, लक्ष्मण या जानकी का नाम ले लेता है, घोड़े हिकर-हिकर कर उसकी ओर प्यार से देखने लगते हैं। घोड़ों की विरह दशा कैसे कही जा सकती है। वे ऐसे व्याकुल हैं जैसे मणि के बिना साँप व्याकुल होता है। मन्त्री और घोड़ों की यह दशा देखकर निषाद राज विषाद के वश हो

गया। तब से उसने अपने चार उत्तम सेवक बुलाकर सारथी के साथ कर दिये।

२० निषादराज गुह सारथी (सुमन्त्र जी) को पहुँचा कर (विदा करके) लौटा। उसके विरह और दुःख का वर्णन नहीं किया जा सकता। वे चारों निषाद रथ लेकर अवध को चले। [सुमन्त्र और घोड़ों को देख देखकर] वे भी क्षण-क्षण भर विषाद में डूब जाते थे। व्याकुल और दुःख से दीन हुए सुमन्त्र जी सोचते हैं कि श्रीरघुवीर के बिना जीने को धिक्कार है। आखिर यह अधम शरीर रहेग तो है ही नहीं। अभी श्रीरामचन्द्र जी के बिछुड़ते ही छूट कर इसने यश [क्यों] नहीं ले लिया। ये प्राण अपयश और पाप के भाँड़े हो गये। अब ये किस कारण कूच नहीं करते (निकलते नहीं) हाय! नीच मन [बड़ा अच्छा] मौका चूक गया। अब भी तो हृदय के दो टुकड़े नहीं हो जाते। सुमन्त्र हाथ मल-मल कर और सिर पीट-पीट कर पछताते हैं। मानो कोई कंजूस धन का खजाना खो बैठा हो। वे इस प्रकार चले मानो कोई बड़ा योद्धा वीर का बाना पहन कर और उत्तम शूरवीर कहला कर युद्ध से भाग चला हो।

जैसे कोई विवेकशील, वेद का ज्ञाता, साधु सम्मत आचरणों वाला और उत्तम जाति का (कुलीन) ब्राह्मण धोखे से मदिरा पी ले और पीछे पछतावे। उसी प्रकार मन्त्री सुमन्त्र सोच कर रहे (पछता रहे) हैं।

२१. जैसे किसी उत्तम कुलवाली, साधु स्वभाव की, समझदार और मन, वचन, कर्म से पति को ही देवता मानने वाली पतिव्रता स्त्री को भाग्यवश पति को छोड़कर (पति से अलग) रहना पड़े, उस समय उसके हृदय में जैसे भयानक सन्ताप होता है, वैसे ही मन्त्री के हृदय में हो रहा है। नेत्रों में जल भरा है, दृष्टि मन्द हो गयी है। कानों से सुनाई नहीं पड़ता, व्याकुल हुई बुद्धि बेठिकाने हो रही है। ओठ सूख रहे हैं, मुँह में लाठी लग गयी है। किन्तु [ये सब मृत्यु के लक्षण हो जाने पर भी] प्राण नहीं निकलते; क्योंकि हृदय में अवधि रूपी किवाड़ लगे हैं (अर्थात् चौदह वर्ष बीत जाने पर भगवान् फिर मिलेंगे, यही आशा रुकावट डाल रही है)। सुमन्त्र जी के मुख का रंग बदल गया है जो देखा नहीं जाता। ऐसा मालूम होता है मानो इन्होंने माता-पिता को मार डाला हो। उनके मन में राम वियोग रूपी हानि की महान् ग्लानि (पीड़ा) छा रही है, जैसे कोई पापी मनुष्य नरक को जाता हुआ रास्ते में

सोच रहा हो। मुँह से वचन नहीं निकलते। हृदय में पछताते हैं कि मैं अयोध्या में जाकर क्या देखूँगा? श्रीरामचन्द्र जी से शून्य रथ को जो भी देखेगा, वही मुझे देखने में संकोच करेगा (अर्थात् मेरा मुँह नहीं देखना चाहेगा)। नगर के सब व्याकुल स्त्री-पुरुष जब दौड़कर मुझसे पूछेंगे, तब मैं हृदय पर वज्र रखकर सबको उत्तर दूँगा।

२२. जब दीन दुखी सब माताएँ पूछेंगी, तब हे विधाता! मैं उन्हें क्या कहूँगा? जब लक्ष्मण जी की माता मुझसे पूछेगी, तब मैं उन्हें कौन सा सुखदायी सन्देशा कहूँगा? श्रीराम जी की माता जब इस प्रकार दौड़ी आयेंगी जैसे नयी ब्यायी हुई गौ बछड़े को याद करके दौड़ी आती है, तब उनके पूछने पर मैं उन्हें यह उत्तर दूँगा कि श्रीराम, लक्ष्मण, सीता वन को चले गये। जो भी पूछेगा उसे यही उत्तर देना पड़ेगा। हाय! अयोध्या जाकर अब मुझे यही सुख लेना है! जब दुःख से हीन महाराज, जिनका जीवन श्रीरघुनाथ जी के [दर्शन के] ही अधीन है, मुझसे पूछेंगे, तब मैं कौन सा मुँह लेकर उन्हें उत्तर दूँगा कि मैं राजकुमारों को कुशलपूर्वक पहुँचा आया हूं! लक्ष्मण, सीता और श्रीराम का समाचार सुनते ही महाराज तिनके की तरह शरीर को त्याग देंगे।

प्रियतम (श्रीराम जी) रूपी जल के बिछुड़ते ही मेरा हृदय कीचड़ की तरह फट नहीं गया, इससे मैं जानता हूँ कि विधाता ने मुझे यह 'यातना शरीर' ही दिया है [जो पापी जीवों को नरक भोगने के लिये मिलता है]।

२३. सुमन्त्र इस प्रकार मार्ग में पछतावा कर रहे थे, इतने में ही रथ तुरन्त तमसा नदी के तट पर आ पहुँचा। मन्त्री ने विनय करके चारों निषादों को विदा किया। वे विषाद से व्याकुल होते हुए सुमन्त्र के पैरों पड़ कर लौटे। नगर में प्रवेश करते मन्त्री [ग्लानि के कारण] ऐसे सकुचाते हैं, मानों गुरु, ब्राह्मण या गौ को मार कर आये हों। सारा दिन एक पेड़ के नीचे बैठ कर बिताया। जब सन्ध्या हुई तब मौका मिला। अँधेरा होने पर उन्होंने अयोध्या में प्रवेश किया और रथ को दरवाजे पर खड़ा करके वे [चुपके से] महल में घुसे। जिन-जिन लोगों ने यह समाचार सुन पाया, वे सभी रथ देखने को राजद्वार पर आये। रथ को पहचान कर और घोड़ों को व्याकुल देखकर उनके शरीर ऐसे गले जा रहे हैं (क्षीण हो रहे हैं) जैसे घाम में ओले! नगर में स्त्री-पुरुष

कैसे व्याकुल हैं जैसे जल के घटने पर मछलियाँ [व्याकुल होती हैं! मन्त्री का [अकेले ही] आना सुनकर सारा रनिवास व्याकुल हो गया। राजमहल उनको ऐसा भयानक लगा मानो प्रेतों का निवास स्थान (श्मशान) हो।

२४. अत्यन्त आर्त होकर सब रानियाँ पूछती हैं; पर सुमंत्र को कुछ उत्तर नहीं आता, उनकी वाणी विकल हो गयी (रुक गयी) है। न कानों से सुनायी पड़ता है और न आँखों से कुछ सूझता है। वे जो भी सामने आता है उससे उससे पूछते हैं—कहो, राजा कहाँ हैं? दासियाँ मन्त्री को व्याकुल देखकर उन्हें कौशल्या जी के महल में लिवा गयीं। सुमन्त्र ने जाकर वहाँ राजा को कैसा [बैठा] देखा मानों बिना अमृत का चन्द्रमा हो। राजा आसन, शय्या और आभूषणों से रहित बिल्कुल मलीन (उदास) पृथ्वी पर पड़े हुए हैं। वे लम्बी साँसें लेकर इस प्रकार सोच करते हैं मानों राजा ययाति स्वर्ग से गिरकर सोच रहे हों। राजा क्षण-क्षण में सोच से छाती भर लेते हैं। ऐसी विकल दशा है मानो [गीधराज जटायु का भाई] सम्पाती पंखों के जल जाने पर गिर पड़ा हो, राजा बार-बार] 'राम-, राम' 'हा स्नेही (प्यारे) राम!' कहते हैं, फिर 'हा राम, हा लक्ष्मण, हा जानकी' ऐसा कहने लगते हैं। मन्त्री ने देखकर 'जयजीव' कहकर दण्डवत् प्रणाम किया। सुनते ही राजा व्याकुल होकर उठे और बोले—सुमन्त्र! कहो, राम कहाँ हैं?

२५. राजा ने सुमन्त्र को हृदय से लगा लिया। मानो डूबते हुए आदमी को कुछ सहारा मिल गया हो। मंत्री को स्नेह के साथ पास बैठाकर, नेत्रों में जल भरकर राजा पूछने लगे—हे मेरे प्रेमी सखा! श्रीराम की कुशल कहो। बताओ, श्रीराम, लक्ष्मण और जानकी कहाँ हैं? उन्हें लौटा लाये हो कि वे वन को चले गये? वह सुनते ही मंत्री के नेत्रों में जल भर आया। शोक से व्याकुल होकर राजा फिर पूछने लगे—सीता, राम और लक्ष्मण का सन्देशा तो कहो। श्रीरामचन्द्र जी के रूप, गुण, शील और स्वभाव को याद कर-करके राजा हृदय में सोच करते हैं। [और कहते हैं—] मैंने राजा होने की बात सुनाकर बनवास दे दिया, यह सुनकर भी जिस (राम) के म) में हर्ष और विषाद नहीं हुआ, ऐसे पुत्र के बिछुड़ने पर भी मेरे प्राण नहीं गये, तब मेरे समान बड़ा पापी कौन होगा? हे सखा! श्रीराम, जानकी और लक्ष्मण कहाँ हैं, मुझे भी

वहीं पहुँचा दो! नहीं तो मैं सत्य भाव से कहता हूं कि मेरे प्राण अब चलना ही चाहते हैं।

२६. राजा बार-बार मन्त्री से पूछते हैं—मेरे प्रियतम पुत्रों का सन्देश सुनाओ। हे सखा! तुम वही उपाय करो जिससे श्रीराम, लक्ष्मण और सीता को मुझे आँखों दिखा दो। मन्त्री धीरज धर कर कोमल वाणी बोले—महाराज! आप पण्डित और ज्ञानी हैं। हे देव! आप शूरवीर तथा उत्तम धैर्यवान् पुरुषों में श्रेष्ठ हैं। आपने सदा साधुओं के समाज का सेवन किया है। जन्म-मरण, सुख-दुःख के भोग, हानि-लाभ, प्यारों का मिलना-बिछुड़ना, ये सब हे स्वामी! काल और कर्म के अधीन रात और दिन की तरह बरबस होते रहते हैं। मूर्ख लोग सुख में हर्षित होते और दुःख में रोते हैं, पर धीर पुरुष अपने में दोनों को समान समझते हैं। हे सबके हितकारी (रक्षक)! आप विवेक विचार कर धीरज धरिये और शोक का परित्याग कीजिये। श्रीराम जी का पहला निवास (मुकाम) तमसा के तट पर हुआ, दूसरा गंगातीर पर। सीता जी सहित दोनों भाई उस दिन स्नान करके जल पीकर ही रहे।

२७. केवट (निषादराज) ने बहुत सेवा की। वह रात सिंगरौर (शृंगवेरपुर) में ही बितायी। दूसरे दिन सबेरा होते ही बड़ का दूध मँगवाया और उससे श्रीराम-लक्ष्मण ने अपने सिरों पर जटाओं के मुकुट बनाये। तब श्रीरामचन्द्र जी के सखा निषादराज ने नाव मँगवाई। पहले प्रिया सीता जी को उस पर चढ़ाकर श्रीरघुनाथ जी चढ़े। फिर लक्ष्मण जी धनुष बाण सजाकर रक्खे और प्रभु श्रीरामचन्द्र जी की आज्ञा पाकर स्वयं चढ़े। मुझे व्याकुल देखकर श्रीरामचन्द्र जी ने धीरज धरकर मधुर वचन बोले—हे तात! पिता जी से मेरा प्रणाम कहना और मेरी ओर से बार-बार उनके चरण कमल पकड़ना। फिर पाँव पकड़ कर विनती करना कि हे पिता जी! आप मेरी चिन्ता न कीजिये। आपकी कृपा, अनुग्रह और पुण्य से वन में और मार्ग में हमारा कुशल मंगल होगा। हे पिता जी! आपके अनुग्रह से मैं वन जाते हुए सब प्रकार का सुख पाऊँगा। आज्ञा का भली-भाँति पालन करके चरणों का दर्शन करने कुशलतापूर्वक फिर लौट आऊँगा। सब माताओं के पैरों पड़ पड़कर उनका समाधान करके और उनसे बहुत विनती करके—तुलसीदास कहते हैं—तुम वही प्रयत्न करना जिसमें कौशल पति पिता जी कुशल

रहें। बार-बार चरण कमलों को पकड़ कर गुरु वशिष्ट जी से मेरा सन्देशा कहना कि वही उपदेश दें जिनसे अवधपति पिंताजी मेरा सोच न करें।

२८. हे तात! सब पुरवासियों और कुटुम्बियों से निहोरा (अनुरोध) करके मेरी विनती सुनाना कि वही मनुष्य मेरा सब प्रकार से हितकारी है जिसकी चेष्टा से महाराज सुखी रहें। भरत के आने पर उनको मेरा सन्देशा कहना कि राजा का पद पा जाने पर नीति न छोड़ देना; कर्म, वचन और मन से प्रजा का पालन करना और माताओं को समान जानकर सेवा करना। और हे भाई! पिता, माता और स्वजनों की सेवा करके भाईपने को अन्त तक निबाहना। हे तात! राजा (पिताजी) को उसी प्रकार से रखना जिससे वे कभी (किसी तरह भी) मेरा सोच न करें। लक्ष्मण जी ने कुछ कठोर वचन कहे। किन्तु श्रीरामजी ने उन्हें बरज कर फिर मुझसे अनुरोध किया, और बार-बार अपनी सौगंध दिलायी (और कहा—) हे तात! लक्ष्मण का लड़कपन वहाँ न कहना। प्रणाम कर सीता जी भी कुछ कहने लगी थीं, परन्तु स्नेहवश वे शिथिल हो गयीं। उनकी वाणी रुक गयी, नेत्रों में जल भर आया और शरीर रोमाञ्च से व्याप्त हो गया।

२९. उसी समय श्रीरामचन्द्र जी का रुख पाकर केवट ने पार जाने के लिए नाव चला दी। इस प्रकार रघुवंश तिलक श्रीरामचन्द्र जी चल दिये और मैं छाती पर वज्र रखकर खड़ा-खड़ा देखता रहा। मैं अपने क्लेश को कैसे कहूं, जो श्रीरामजी का यह सन्देशा लेकर जीता ही लौट आया। ऐसा कहकर मन्त्री की वाणी रुक गयी (वे चुप हो गये) और वे हानि की ग्लानि और नीच के वश हो गये। सारथी सुमन्त्र के वचन सुनते ही राजा पृथ्वी पर गिर पड़े, उनके हृदय में भयानक जलन होने लगी। वे तड़पने लगे, उनका मन भीषण मोह से व्याकुल हो गया। मानो मछली को माँजा व्याप गया हो (पहली वर्षा का जल लग गया हो)। सब रानियाँ विलाप करके रो रही हैं। उस महान् विपत्ति का कैसे वर्णन किया जाय? उस समय के विलाप को सुनकर दुःख को भी दुःख लगा और धीरज का भी धीरज भाग गया। राजा के रावले (रनिवास) में (रोने का) शोर सुनकर अयोध्या भर में बड़ा भारी कुहराम मच गया। (ऐसा जान पड़ता था) मानो पक्षियों के विशाल वन में रात के समय कठोर वज्र गिरा हो।

३०. राजा के प्राण कण्ठ में आ गये। मानो मणि के बिना साँप व्याकुल (मरणासन्न) हो गया हो। इन्द्रियाँ सब बहुत ही विकल हो गयीं, मानो बिना जल के तालाब में कमलों का वन मुरझा गया हो। कौशल्या जी ने राजा को बहुत दुःखी देखकर अपने हृदय में जान लिया कि अब सूर्य कुल का सूर्य अस्त हो चला। तब श्रीरामचन्द्र जी की माता कौशल्या हृदय में धीरज धर कर समय के अनुकूल वचन बोलीं—हे नाथ! आप मन में समझकर विचार कीजिए कि श्रीरामचन्द्र का वियोग अपार समुद्र है। अयोध्या जहाज है और आप उसके कर्णधार (खेने वाले) हैं। सब प्रियजन (कुटुम्बी और प्रजा) ही यात्रियों का समाज है, जो इस जहाज पर चढ़ा हुआ है डूब जायगा। हे प्रिय स्वामी! यदि मेरी विनती हृदय में धारण कीजियेगा तो श्रीराम, लक्ष्मण, सीता फिर आ मिलेंगे। प्रिय पत्नी कौशल्या के कोमल वचन सुनते हुए राजा ने आँखें खोलकर देखा। मानो तड़पती हुई दीन मछली पर कोई शीतल जल छिड़क रहा हो।

३१. धीरज धरकर राजा उठ बैठे और बोले—सुमन्त्र! कहो, कृपालु श्रीराम कहाँ हैं? लक्ष्मण कहाँ हैं! स्नेही राम कहाँ हैं? और मेरी प्यारी बहू जानकी कहाँ है? राजा व्याकुल होकर बहुत प्रकार विलाप कर रहे हैं। वह रात युग के समान बड़ी हो गयी, बीतती ही नहीं। राजा को अंधे तपस्वी (श्रवणकुमार के पिता) के शाप की याद आ गयी। उन्होंने सब कथा कौशल्या को कह सुनायी। उस इतिहास का वर्णन करते-करते राजा व्याकुल हो गये और कहने लगे कि श्रीराम के बिना जीने की आशा को धिक्कार है। मैं उस शरीर को रखकर क्या करूंगा जिसने मेरा प्रेम का प्रण नहीं निबाहा? हा रघुकुल को आनन्द देने वाले मेरे प्राण प्यारे राम! तुम्हारे बिना जीते हुए मुझे बहुत दिन बीत गये। हा जानकी, लक्ष्मण! हा रघुवर! हा पिता के चित्तारूपी चातक के हित करने वाले मेघ! राम-राम कहकर, फिर राम कहकर, फिर राम-राम कहकर और फिर राम कहकर राजा श्रीराम के विरह में शरीर त्याग कर सुरलोक को सिधार गये।

३२. जीने और मरने का फल तो दशरथ जी ने ही पाया, जिनका निर्मल यश अनेकों ब्रह्माण्डों में छा गया। जीते जी तो श्रीरामचन्द्र जी के चन्द्रमा के समान सुख को देखा और श्रीराम के विरह को निमित्त बना

कर अपना मरण सुधार लिया। सब रानियाँ शोक के मारे व्याकुल होकर रो रही हैं। वे राजा के रूप, शील, बल और तेज का बखान कर-करके अनेकों प्रकार से विलाप कर रही हैं और बार-बार धरती पर गिर-गिरकर पड़ती हैं। दास दासी गण व्याकुल होकर विलाप कर रहे हैं और नगर वासी घर-घर रो रहे हैं। कहते हैं कि आज धर्म सीमा गुण और रूप के भण्डार सूर्यकुल के सूर्य अस्त हो गये। सब कैकेयी को गालियाँ देते हैं, जिसने संसार भर को बिना नेत्र का (अंधा) कर दिया। इस प्रकार विलाप करते रात बीत गयी। प्रात:काल सब बड़े-बड़े ज्ञानी मुनि आये। तब वशिष्ठ मुनि ने समय के अनुकूल अनेक इतिहास कहकर अपने विज्ञान के प्रकाश से सबका शोक दूर किया।

३३. वशिष्ठ जी ने नाव में तेल भरवाकर राजा के शरीर को उसमें रखवा दिया। फिर दूतों को बुलवाकर उनसे ऐसा कहा—तुम लोग जल्दी दौड़कर भरत के पास जाओ। राजा की मृत्यु का समाचार कहीं किसी से न कहना। जाकर भरत से इतना ही कहना कि दोनों भाइयों को गुरु जी ने बुलवा भेजा है। मुनि की आज्ञा सुनकर धावन (दूत) दौड़े। वे अपने वेग से उत्तम घोड़ों को भी लजाते हुए चले। जब से अयोध्या में अनर्थ प्रारम्भ हुआ, तभी से भरत जी को अपशकुन होने लगे। वे रात को भयंकर स्वप्न देखते थे और जागने पर [उन स्वप्नों के कारण] करोड़ों (अनेकों) तरह की बुरी-बुरी कल्पनायें किया करते थे। [अनिष्ट शान्ति के लिए] वे प्रति दिन ब्राह्मणों को भोजन कराकर दान देते थे। अनेकों विधियों से रूद्राभिषेक करते थे। महादेव जी को हृदय में मनाकर उनसे माता-पिता, कुटुम्बी और भाइयों का कुशल क्षेम माँगते थे। भरत जी इस प्रकार मन में चिन्ता कर रहे थे कि दूत आ पहुँचे। गुरु जी की आज्ञा कानों से सुनते ही है वे गणेश जी को मना!कर चल पड़े।

३४. हवा के समान वेग वाले घोड़ों को हाँकते हुए वे विकट नदी, पहाड़ तथा जगंलों को लाँघते हुए चले। उनके हृदय में बड़ा सोच था। कुछ सुहाता न था। मन में ऐसा सोचते थे कि उड़कर पहुँच जाऊँ। एक-एक निमेष वर्ष के समान बीत रहा था। इस प्रकार भरत जी नगर के निकट पहुँचे। नगर में प्रवेश करते समय अपशकुन होने लगे। कौए बुरी जगह बैठकर बुरी तरह से काँव-काँव कर रहे हैं। गदहे और सियार विपरीत बोल रहे हैं। यह सुन सुनकर भरत के मन में बड़ी पीड़ा हो रही

है। तालाब, नदी, वन, बगीचे सब शोभाहीन हो रहे हैं। नगर बहुत ही भयानक लग रहा है। श्रीराम जी के वियोग रूपी बुरे रोग से सताये हुए पक्षी-पशु, घोड़े, हाथी [ऐसे दुःखी हो रहे हैं कि] देखे नहीं जाते। नगर के स्त्री-पुरुष अत्यन्त दुखी हो रहे हैं। मानो सब अपनी सम्पत्ति हार बैठे हों। नगर के लोग निकलते हैं, पर कुछ कहते नहीं; गौसे (चुपके-से) जोहार (वन्दना) करके चले जाते हैं। भरत जी भी किसी से कुशल नहीं पूछ सकते, क्योंकि उनके मन में भय और विषाद छा रहा है।

३५. बाजार और रास्ते देखे नहीं जाते। मानो नगर में दसों दिशाओं में दावाग्नि लगी है। पुत्र को आते सुनकर सूर्यकुल रूपी कमल के लिये चाँदनी रूपी कैकेयी [बड़ी] हर्षित हुई। वह आरती सजाकर आनन्द में भरकर उठ दौड़ी और दरवाजे पर ही मिलकर भरत-शत्रुघ्न को महल में ले आयी। भरत ने सारे परिवार को दुखी देखा। मानो कमलों के वन को पाला मार गया हो। एक कैकेयी ही इस तरह हर्षित दिखती है मानो भीलनी जंगल में आग लगाकर आनन्द में भर रही हो। पुत्र की सोच वश और मन मारे (बहुत उदास) देखकर वह पूछने लगी—हमारे नैहर में कुशल तो हैं? भरत जी ने सब कुशल कह सुनायी। फिर अपने कुल की कुशल क्षेम पूछी। [भरत जी ने कहा] कहो, पिता जी कहाँ हैं? मेरी सब माताएँ कहाँ हैं? सीता जी और मेरे प्यारे भाई राम-लक्ष्मण कहाँ हैं? पुत्र के स्नेह मय वचन सुनकर नेत्रों में कपट का जल भर कर पापिनी कैकेयी भरत के कानों में और मन में शूल के समान चुभने वाली वचन बोली—

३६. हे तात! मैंने सारी बात बना ली थी। बेचारी मन्थरा सहायक हुई। पर विधाता ने बीच में जरा-सा काम बिगाड़ दिया। वह यह कि राजा देवलोक पधार गये। भरत यह सुनते ही विषाद के मारे विवश (बेहाल) हो गये। मानो सिंह की गर्जना सुनकर हाथी सहम गया हो। वे 'तात! तात! हा तात!' पुकारते हुए अत्यन्त व्याकुल होकर जमीन पर गिर पड़े [और विलाप करने लगे कि] हे तात! मैं आपको [स्वर्ग के लिये] चलते समय देख भी नहीं सका। [हाय]! आप मुझे श्रीराम जी को सौंप भी नहीं गये। फिर धीरज धरकर वे सम्भल कर उठे और बोले—माता! पिता के मरने का कारण तो बताओ। पुत्र का वचन मानकर कैकेयी कहने लगी! मानो मर्म स्थान को पोंछकर (चाकू से

चीर कर) उसमें जहर भर रही हो। कुटिल और कठोर कैकेयी ने अपनी सब करनी शुरू से [आखिर तक बड़े] प्रसन्न मन से सुना दी। श्रीरामचन्द्र जी का वन जाना सुनकर भरत जी को पिता का मरण भूल गया और हृदय में सारे अनर्थ का कारण अपने को ही जानकर वे मौन होकर स्तम्भित रह गये (अर्थात् उनकी बोली बन्द हो गयी और वे सन्न रह गये)।

३७. पुत्र को व्याकुल देख कैकेयी समझाने लगी। मानो जले पर नमक लगा रही हो। [वह बोली—] हे तात! राजा सोच करने योग्य नहीं हैं। उन्होंने पुण्य और यश कमा कर उसका पर्याप्त भोग किया। जीवन काल में ही उन्होंने जन्म लेने के सम्पूर्ण फल पा लिए और अन्त में इन्द्र लोक को चले गये। ऐसा विचार कर सोच छोड़ दो और समाज सहित नगर का राज्य करो। राजकुमार भरत जी यह सुनकर बहुत ही सहम गये। मानो पके घाव पर अंगार छू गया हो। उन्होंने धीरज धर कर बड़ी लम्बी साँस लेते हुए कहा—पापिनी! तूने सभी तरह से कुल का नाश कर दिया। हाय! यदि तेरी ऐसी ही अत्यन्त बुरी रुचि (दुष्ट इच्छा) थी, तो तूने जन्मते ही मुझे मार क्यों नहीं डाला? तूने पेड़ को काटकर पत्ते को सींचा है और मछली के जीने के लिये पानी को उलीच डाला! (अर्थात् मेरा हित करने आकर उलटा तूने मेरा अहित कर डाला)। मुझे सूर्यवंश [सा वंश], दशरथ जी [सरीखे] पिता और राम लक्ष्मण से भाई मिले। पर हे जननी! मुझे जन्म देने वाली माता तू हुई! [क्या किया जाय?] विधाता से कुछ भी वश नहीं चलता।

३८. अरी कुमति! जब तूने हृदय में यह बुरा विचार (निश्चय) ठाना, उसी समय तेरे हृदय के टुकड़े-टुकड़े [क्यों] न हो गये? वरदान माँगते समय तेरे मन में कुछ भी पीड़ा नहीं हुई। तेरी जीभ गल नहीं गयी। तेरे मुँह में कीड़े नहीं पड़ गये? राजा ने तेरा विश्वास कैसे कर लिया? [जान पड़ता है।] विधाता ने मरने के समय उनकी बुद्धि हर ली थी। स्त्रियों के हृदय की मति (चाल) विधाता भी नहीं जान सके। वह सम्पूर्ण कपट, पाप और अवगुणों की खान है। फिर राजा तो सीधे, सुशील और धर्म परायण थे। वे भला, स्त्री स्वभाव को कैसे जानते? अरे, जगत् के जीव-जन्तुओं में ऐसा कौन है जिसे श्रीरघुनाथ जी प्राणों के समान प्यारे नहीं हैं। वे श्रीरामजी भी तुझे अहित हो गये (बैरी लगे)! तू कौन है?

मुझे सच-सच कह! तू जो है, सो है अब मुँह में स्याही पोत कर (मुँह काला करके) उठकर मेरी आँखों की ओट में जा बैठे। विधाता ने मुझे श्रीराम जी से विरोध करने वाले (तेरे) हृदय से उत्पन्न किया [अथवा विधाता ने मुझे हृदय से राम का विरोधी जाहिर कर दिया]। मेरे बराबर पापी दूसरा कौन है? मैं व्यर्थ ही तुझे कुछ कहता हूँ।

३९. माता की कुटिलता सुनकर शत्रुघ्न जी के सब अंग क्रोध से जल रहे हैं, पर कुछ वश नहीं चलता। उसी समय भाँति-भाँति के कपड़ों और गहनों से सजकर कुबरी (मन्थरा) वहाँ आयी। उसे [सजी] देखकर लक्ष्मण के छोटे भाई शत्रुघ्न जी क्रोध में भर गये। मानो जलती हुई आग को घी की आहुति मिल गयी हो। उन्होंने जोर से तक कर कूबड़ पर एक लात जमा दी। वह चिल्लाती हुई मुँह के बल जमीन पर गिर पड़ी। उसका कूबड़ टूट-गया, कपाल फूट गया, दाँत टूट गये और मुँह से खून बहने लगा। [वह कराहती हुई बोली—] हाय दैव! मैंने क्या बिगाड़ा? जो भला करते बुरा फल पाया। उसकी यह बात सुनकर और उसे नख से शिखा तक दुष्ट जानकर शत्रुघ्न जी झोंटा पकड़-पकड़ कर उसे घसीटने लगे। तब दयानिधि भरत जी ने उसको छुड़ा दिया और दोनों भाई [तुरन्त] कौशल्या जी के पास गये।

कौशल्या जी मैले वस्त्र पहनी हैं, चेहरे का रंग बदला हुआ है, व्याकुल हो रही हैं, दुःख के बोझ से शरीर सूख गया है। ऐसी दीख रही हैं. मानो सोने की सुन्दर कल्पलता को वन में पाला मार गया हो।

४०. भरत को देखते ही माता कौशल्या जी उठ दौड़ीं। पर चक्कर आ जाने से मूर्च्छित होकर पृथ्वी पर गिर पड़ीं। यह देखते ही भरत जी बड़े व्याकुल हो गये और शरीर की सुध भुलाकर चरणों में गिर पड़े। [फिर बोले—] माता! पिता जी कहाँ हैं? उन्हें दिखा दें। सीता जी तथा मेरे दोनों भाई श्रीराम-लक्ष्मण कहाँ हैं? [उन्हें दिखा दें।] कैकेयी जगत में क्यों जनमी? और यदि जनमी ही तो फिर बाँझ क्यों न हुई? जिसने कुल के कलंक, अपयश के भाँड़े और प्रियजनों के द्रोही मुझ जैसे पुत्र को उत्पन्न किया। तीनों लोकों में मेरे समान अभागा कौन है? जिसके कारण, हे माता! तेरी यह दशा हुई, पिता जो स्वर्ग में हैं और श्रीराम जी वन में हैं। केतु के समान मैं ही इन सब अनर्थों का कारण हूँ। मुझे धिक्कार है। मैं बाँस के वन में आग उत्पन्न हुआ और कठिन दाह, दुःख

और दोषों का भागी बना। भरत जी के कोमल वचन सुनकर माता कौशल्या जी फिर सम्भल कर उठीं। उन्होंने भरत को उठाकर छाती से लगा लिया और नेत्रों से आँसू बहाने लगीं।

४१. सरल स्वभाव वाली माता ने बड़े प्रेम से भरत जी को छाती से लगा लिया, मानो श्रीराम जी ही लौटकर आ गये हों। फिर लक्ष्मण जी के छोटे भाई शत्रुघ्न जी को हृदय से लगाया। शोक और स्नेह में समानता नहीं है। कौशल्या का स्वभाव देखकर सब कोई कह रहे हैं— श्रीराम की माता का ऐसा स्वभाव क्यों न हो। माता ने भरत जी को गोद में बैठा लिया और उनके आँसू पोंछकर कोमल वचन बोलीं—हे वत्स! मैं बलैया लेती हूँ। तुम अब भी धीरज धरो। बुरा समय जानकर शोक त्याग दो। काल और कर्म की गति अमिट जानकर हृदय में हानि और ग्लानि मत मानो। हे तात! किसी को दोष मत दो। विधाता मुझको सब प्रकार से उलटा हो गया है, जो इतने दुःख पर भी मुझे जिला रहा है। अब भी कौन जानता है, उसे क्या भा रहा है। हे तात! पिता की आज्ञा से श्रीरघुवीर ने भूषण वस्त्र त्याग दिये और वल्कल वस्त्र पहन लिये। उनके हृदय में न कुछ विषाद था, न हर्ष!

४२. उनका मुख प्रसन्न था; मन में न आसक्ति थी, न रोष (द्वेष)। सबको सब तरह से सन्तोष करा कर वे वन को चले। यह सुनकर सीता भी उसके साथ लग गयी। श्रीराम के चरणों की अनुरागिणी वे किसी तरह न रहीं। सुनते ही लक्ष्मण भी साथ ही उठ चले। श्रीरघुनाथ ने उन्हें रोकने के बहुत यत्न किये, पर वे न रहे। तब श्रीरघुनाथ जी सबको सिर नवा कर सीता और छोटे भाई लक्ष्मण को साथ लेकर चले गये। श्रीराम, लक्ष्मण और सीता वन को चले गये। मैं न तो साथ ही गयी और न मैंने अपने प्राण ही उनके साथ भेजे। यह सब इन्हीं आँखों के सामने हुआ। तो भी अभागे जीव ने शरीर नहीं छोड़ा। अपने स्नेह की ओर देखकर मुझे लाज भी नहीं आती, राम सरीखे पुत्र की मैं माता! जीना और मरना तो राजा ने खूब जाना। मेरा हृदय तो सैकड़ों वज्रों के समान कठोर है। कौशल्या जी के वचनों को सुनकर भरत सहित सारा रनिवास व्याकुल होकर विलाप करने लगा। राजमहल मानो शोक का निवास बन गया।

४३. भरत, शत्रुघ्न दोनों भाई विकल होकर विलाप करने लगे। तब कौशल्या जी ने उनको हृदय से लगा लिया। अनेकों प्रकार से भरत जी

को समझाया और बहुत सी विवेक भरी बातें उन्हें कहकर सुनायीं। भरत जी ने भी सब माताओं को पुराण और वेदों की सुन्दर कथाएँ कहकर समझाया। दोनों हाथ जोड़कर भरत जी छल रहित; पवित्र और मीठी सुन्दर वाणी बोले—जो पाप माता-पिता और पुत्र के मारने से होते हैं, और गोशाला और ब्राह्मणों के नगर जलाने से होते हैं; जो पाप स्त्री और बालक की हत्या करने से होते हैं; और जो मित्र और राजा को जहर देने से होते हैं—कर्म, वचन और मन से होने वाले जितने पातक एवं उपपातक (बड़े छोटे पाप) हैं, जिनको कवि लोग कहते हैं, हे विधाता! यदि इस काम में मेरा मत हो, तो हे माता! वे सब पाप मुझे लगें। जो लोग श्री हरि और श्री शंकर जी के चरणों को छोड़कर भयानक भूत-प्रेतों को भजते हैं, हे माता! यदि इसमें मेरा मत हो तो विधाता मुझे उनकी गति दे।

४४. जो लोग वेदों को बेचते हैं, धर्म को दुह लेते हैं, चुगुलखोर हैं, दूसरों के पापों को कह देते हैं; जो कपटी, कुटिल, कलह-प्रिय और क्रोधी हैं, तथा जो वेदों की निन्दा करने वाले और विश्व भर के विरोधी हैं; जो लोभी, लम्पट और लालचियों का आचरण करने वाले हैं; जो पराये धन और परायी स्त्री की ताक में रहते हैं; हे जननी! यदि इस काम में मेरी सम्मति हो तो मैं उनकी भयानक गति को पाऊँ। जिनका सत्संग में प्रेम नहीं है; जो अभागे परमार्थ के मार्ग से विमुख हैं, जो मनुष्य शरीर पाकर श्री हरि का भजन नहीं करते; जिनको हरि-हर (भगवान् विष्णु और शंकर जी) का सुयश नहीं सुहाता; जो वेद मार्ग को छोड़कर वाम (वेद-प्रतिकूल) मार्ग पर चलते हैं; जो ठग हैं और वेष बनाकर जगत् को छलते हैं, हे माता! यदि मैं इस भेद को जानता भी होऊँ तो शंकर जी मुझे उन लोगों की गति दें। माता कौशल्या जी भरत जी के स्वाभाविक ही सच्चे और सरल वचनों को सुनकर कहने लगीं— हे तात! तुम तो मन, वचन और शरीर से सदा ही श्रीरामचन्द्र जी के प्यारे हो।

४५. श्रीराम तुम्हारे प्राणों से भी बढ़कर प्राण (प्रिय) हैं और तुम भी श्रीरघुनाथ को प्राणों से अधिक प्यारे हो। चन्द्रमा चाहे विष चुआने लगे और पाला आग बरसाने लगे, जलचर जीव जल से विरक्त हो जाएं, और ज्ञान हो जाने पर भी चाहे मोह न मिटे; पर तुम श्रीरामचन्द्र के

प्रतिकूल कभी नहीं हो सकते। इसमें तुम्हारी सम्मति है, जगत् में जो कोई ऐसा कहते हैं वे स्वप्न में भी सुख और शुभ गति नहीं पावेंगे। ऐसा कहकर माता कौशल्या ने भरत जी को हृदय से लगा लिया। उनके स्तनों से दूध बहने लगा और नेत्रों में [प्रेमाश्रुओं का] जल छा गया। इस प्रकार बहुत विचार करते हुए सारी रात बैठे ही बैठे बीत गयी। तब वामदेव जी और वशिष्ठ जी आये। उन्होंने सब मन्त्रियों तथा महाजनों को बुलाया। फिर मुनि वशिष्ठ जी ने परमार्थ के सुन्दर समयानुकूल वचन कहकर बहुत प्रकार से भरत जी को उपदेश दिया। [वशिष्ठ जी ने कहा—] हे तात! हृदय में धीरज धरो और आज जिस कार्य के करने का अवसर है, उसे करो। गुरु जी के वचन सुनकर भरत जी उठे और उन्होंने सब तैयारी करने के लिए कहा।

४६. वेद में बतायी हुई विधि से राजा की देह को स्नान कराया गया और परम विचित्र विमान बनाया गया। भरत जी ने सब माताओं के चरण पकड़ कर रक्खा (अर्थात् प्रार्थना करके उसको सती होने से रोक लिया)। वे रानियाँ भी [श्रीराम के] दर्शन की अभिलाषा से रह गयीं। चन्दन और अगर के तथा और भी अनेकों प्रकार के अपार [कपूर, गुग्गुल, केसर आदि] सुगन्ध द्रव्यों के बहुत से बोझ आये। सरयू जी के तट पर सुन्दर चिता रच कर बनायी गयी, [जो ऐसी मालूम होती थी] मानो स्वर्ग की सुन्दर सीढ़ी हो। इस प्रकार सब दाह क्रिया की गयी और सबने विधिपूर्वक स्नान करके तिलाञ्जलि दी। फिर वेद, स्मृति और पुराण सबका मत निश्चय करके उनके अनुसार भरत जी ने पिता का दशगात्र विधान (दस दिनों के कृत्य) किया। मुनि श्रेष्ठ वशिष्ठ जी जहाँ जैसी आज्ञा दी, वहाँ भरत जी ने सब वैसा ही हजारों प्रकार से किया। शुद्ध हो जाने पर [विधिपूर्वक] सब दान दिये। गौएँ तथा घोड़े, हाथी आदि अनेक प्रकार का सवारियाँ, सिंहासन, गहने, कपड़े, अन्न, पृथ्वी, धन और मकान भरत जी ने दिये। भूदेव ब्राह्मण दान पाकर परिपूर्ण काम हो गये (अर्थात् उनकी सारी मनोकामनाएँ अच्छी तरह से पूरी हो गयीं)।

४७. पिता जी के लिए भरत जी ने जैसी करनी की लाखों मुखों से भी वर्णन नहीं की जा सकती। तब शुभ दिन शोध कर श्रेष्ठ मुनि वशिष्ठ जी आये और उन्होंने मन्त्रियों तथा सब महाजनों को बुलवाया। सब

लोग राजसभा में जाकर बैठ गये। तब मुनि ने भरत जी तथा शत्रुघ्न जी दोनों भाइयों को बुलवा भेजा। भरत जी को वशिष्ट जी ने अपने पास बैठा लिया और नीति तथा धर्म से भरे हुए वचन कहे। पहले तो कैकेयी ने जैसी कुटिल करनी की थी, श्रेष्ठ मुनि ने वह सारी कथा कही। फिर राजा के धर्मव्रत और सत्य की सराहना की, जिन्होंने शरीर त्याग कर प्रेम को निबाहा।

श्रीरामचन्द्र जी के गुण, शील और स्वभाव का वर्णन करते-करते तो मुनिराज के नेत्रों में जल भर आया और शरीर से पुलकित हो गये। फिर लक्ष्मण जी और सीता जी के प्रेम की बड़ाई करते हुए ज्ञानी मुनि शोक और स्नेह में मग्न हो गये। मुनि नाथ ने बिलख कर (दुखी होकर) कहा—हे भरत! सुनो, भावी (होनहार) बड़ी बलवान है। हानि-लाभ, जीवन-मरण और यश-अपयश, ये सब विधाता के हाथ में है।

४८. ऐसा विचार कर किसे दोष दिया जाय और व्यर्थ किस पर क्रोध किया जाय? हे तात! मन में विचार करो। राजा दशरथ सोच करने के योग्य नहीं हैं। सोच उस ब्राह्मण का करना चाहिये जो वेद नहीं जानता और जो अपना धर्म छोड़कर विषय-भोग में ही लीन रहता है। उस राजा का सोच करना चाहिए जो नीति नहीं जानता और जिसको प्रजा प्राणों के समान प्यारी नहीं है। उन वैश्य का सोच करना चाहिए जो धनवान् होकर भी कंजूस है और जो अतिथि सत्कार तथा शिव जी की भक्ति करने में कुशल नहीं है। उस शूद्र का सोच करना चाहिये जो ब्राह्मणों का अपमान करने वाला, बहुत बोलने वाला, मान बड़ाई चाहने वाला और ज्ञान का घमंड रखने वाला है। पुनः उस स्त्री का सोच करना चाहिये जो पति को छलने वाली, कुटिल, कलह-प्रिय और स्वेच्छा-चारिणी है। उस ब्रह्मचारी का सोच करना चाहिए जो अपने ब्रह्मचर्य-व्रत को छोड़ देता है और गुरु की आज्ञा के अनुसार नहीं चलता। उस गृहस्थ का सोच करना चाहिए जो मोहवश कर्म मार्ग का त्याग कर देता है, उस संन्यासी का सोच करना चाहिए जो दुनिया के प्रपञ्च में फँसा हुआ है और ज्ञान वैराग्य से हीन है।

४९. वानप्रस्थ वही सोच करने योग्य है जिसको तपस्या छोड़कर भोग अच्छे लगते हैं। सोच उसका करना चाहिए जो चुगुलखोर है, बिना

कारण ही क्रोध करने वाला है तथा माता-पिता, गुरु एवं भाई-बन्धुओं के साथ विरोध रखने वाला है। सब प्रकार से उसका सोच करना चाहिए जो दूसरों का अनिष्ट करता है, अपने ही शरीर का पोषण करता है और बड़ा भारी निर्दयी है और वह तो सभी प्रकार से सोच करने योग्य है जो छल छोड़कर हरि का भक्त नहीं होता। कौशलराज दशरथ जी सोच करने योग्य नहीं हैं, जिनका प्रभाव चौदहों लोकों में प्रकट है। हे भरत तुम्हारे पिता जैसा राजा तो न हुआ है, न है और न अब होने का ही है। ब्रह्मा, विष्णु, शिव, इन्द्र और दिक्पाल सभी दशरथ जी के गुणों की कथाएँ कहा करते हैं। हे तात! कहो, उनकी बड़ाई कोई किस प्रकार करेगा जिनके श्रीराम, लक्ष्मण, तुम और शत्रुघ्न सरीखे पवित्र पुत्र हैं?

५० राजा सब प्रकार से बड़भागी थे। उनके लिये विषाद करना व्यर्थ है। यह सुन और समझ कर सोच त्याग दो और राजा की आज्ञा सिर चढ़ाकर तदनुसार करो।

राजा ने राजपद तुमको दिया है। पिता का वचन तुम्हें सत्य करना चाहिए, जिन्होंने वचन के लिये ही श्रीरामचन्द्र जी को त्याग दिया और रामविरह की अग्नि में अपने शरीर की आहुति दे दी।

राजा को वचन प्रिय थे, प्राण प्रिय नहीं थे। इसलिए हे तात! पिता के यह प्रमाण (सत्य) करो। राजा की आज्ञा सिर चढ़ाकर पालन करो, इसमें तुम्हारी भलाई है। परशुराम जी ने पिता की आज्ञा रक्खी और माता को मार डाला; सब लोक इस बात के साक्षी हैं। राजा ययाति के पुत्र ने पिता को अपनी जवानी दे दी। पिता की आज्ञा पालन कर उन्हें पाप और अपयश नहीं हुआ। जो अनुचित और उचित का विचार छोड़कर पिता के वचनों का पालन करते हैं [यहाँ] सुख और सुयश के पात्र होकर अन्त में इन्द्रपुरी (स्वर्ग) में निवास करते हैं।

५१. राजा का वचन अवश्य सत्य करो। शोक त्याग दो और प्रजा का पालन करो। ऐसा करने से स्वर्ग में राजा सन्तोष पायेंगे और तुमको पुण्य और सुन्दर यश मिलेगा, दोष नहीं लगेगा। यह वेद में प्रसिद्ध है और [स्मृति-पुराणादि] सभी शास्त्रों के द्वारा सम्मत है। पिता जिसको दें वही राजतिलक पाता है। इसलिए तुम राज्य करो, ग्लानि को त्याग दो।

मेरे वचनों को हित समझकर मानो। इस बात को सुनकर श्रीरामचन्द्र जी और जानकी जी सुख पावेंगे और कोई पण्डित इसे अनुचित नहीं कहेगा। कौशल्या जी आदि तुम्हारी सब माताएँ भी प्रजा के सुख से सुखी होंगी। जो तुम्हारे और श्रीरामचन्द्र जी के श्रेष्ठ सम्बन्ध को जान लेगा, वह सभी प्रकार से तुमसे भला मानेगा। श्रीरामचन्द्र जी के लौट आने पर राज्य उन्हें सौंप देना और सुन्दर स्नेह से उनकी सेवा करना। मन्त्री हाथ जोड़कर कह रहे हैं—गुरु जी की आज्ञा का अवश्य ही पालन कीजिए। श्रीरघुनाथ जी के लौट आने पर जैसा उचित हो, तब फिर वैसा ही कीजियेगा।

बिहारी

बिहारी रत्नाकर

१. अपने अंग के (अपने अंग के)—राजा के प्रधान, अमात्य, सेनापति तथा सेना इत्यादि राजा के अंग अर्थात् सहायक कहलाते हैं। अतः अंग का अर्थ यहाँ सहायक अथवा पक्षी होता है। 'अपने अंग के' का अर्थ अपने पक्षियों के दल में हुआ। इजाफा (इजाफा)—अरबी भाषा में इजाफा बढ़ती अर्थात् वृद्धि को कहते हैं। जब कोई बादशाह, अपने किसी सरदार अथवा कर्मचारी को अपना शुभचिन्तक समझकर अथवा उसके किसी अच्छे काम से प्रसन्न होकर, उसकी जागीर अथवा वेतनादि में वृद्धि कर देता है, तो यह वृद्धि इजाफा कहलाती है।

अवतरण—नायक नवयौवना मुग्धा के शरीर तथा उत्साह में वृद्धि देख, रीझकर, उसकी प्रशंसा करता हुआ, अपने मन में कहता है—

अर्थ—यौवन-रूपी प्रवीन (दान, दण्ड इत्यादि उपायों में निपुण) नृपति (राजा) ने [उनको] अपने अंग का (दल का, पक्ष का) समझ कर स्तनों (कुचो), मन, नयनों [और] नितम्बों का बड़ा इजाफा कर दिया है।

टीकाकारों ने प्रायः ऐसे दोहों को सखी का वचन सखी से; नायक से, अथवा स्वयं नायिका से माना है। पर हमारी समझ में ऐसे दोहों को, सखी का वचन मानने की अपेक्षा, नायक का वचन मानने में विशेष रस है, क्योंकि किसी गुण-ग्राहक की प्रशंसा से किसी वस्तु के गुणों की जैसी वास्तविकता प्रकट होती है, वैसी किसी अभिप्राय से प्रशंसा करने वाले की प्रशंसा से नहीं हो सकती। इसलिए ऐसे दोहों में हमने प्रायः नायक का स्वगत वचन माना है।

२. अर (अँड़)=किसी बात के निमित्त हठपूर्वक डट जाना। यहाँ 'अर' का अर्थ अपने गौरव के निमित्त हठ करना है। बर-पर—'बर' का अर्थ बल है। यहाँ इसका अर्थ उत्साह, उमंग है। अतः 'बर-परे' का अर्थ उमंग से भरे हुए होता है॥ मरक=बढ़ावा, चाँटी॥ होड़ाहोड़ी—होड़ बराबरी करने की स्पृहा—लागडाँट—को कहते हैं। 'होड़ाहोड़ी' का अर्थ परस्पर की लाग डाट होता है।

अवतरण—नवयौवना नायिका की शोभा से रीझ कर नायक, उसकी प्रशंसा करता हुआ, अपने मन में कहता है—

अर्थ—[अहा! इस स्त्री के शरीर से यौवनागमन के कारण] उमंग से भरे हुए चित्त, चतुराई और नयन [अपने अपने] हठ से नहीं हटते, [और] होड़ा होड़ी (परस्पर लाग डाट करके) बढ़ चले हैं, मानों मदन ने [इन्हें] बढ़ावा दे रक्खा है।

३. ओरै-ओप=कुछ और ही ओप वाली। यह समस्त पद 'कनीनिकनु' का विशेषण है॥ कनीनिकनु—कनीनिका आँख की पुतली को कहते हैं। 'कनीनिकनु' कनीनिक शब्द के सम्बन्धकारण का बहुवचनांत रूप होता है। इसके पश्चात् की तृतीया की विभक्ति का लोप है, अतः इसका अर्थ कनीनिकाओं से, अर्थात् कनीनिकाओं के कारण हुआ॥ गनी=गिनी गई है, मानी गई है॥ घन-सिरताज घनी का अर्थ अनेक होता है। यहाँ इसका अर्थ अनेक सपत्नी है 'सिरताज' फारसी समस्त शब्द 'सरताज' का रूपान्तर है। इसका अर्थ शिरोमणि में शिरोमणि अर्थात् श्रेष्ठतम होता है। इसलिए 'घनी-सिरताज' का अर्थ अनेक सपत्नियों में शिरोमणि अर्थात् श्रेष्ठतम पत्नी हुआ॥ मनीं (मणि)=हीरा, नीलम, इत्यादि अथवा सर्प इत्यादि से निकली हुई मणियाँ। मणियों में अनेक प्रकार के प्रभाव माने जाते हैं। किसी मणि के पहनने से लक्ष्मी की प्राप्ति किसी से अन्य मनुष्यों का सम्मोहन इत्यादि माना जाता है॥ धनी=प्रभु, स्वामी अर्थात् पति॥ मनीं धनी के नेह की—इसका अर्थ पति के स्नेह को आकर्षित करने वाली मणियाँ होता है॥ छनीं=आच्छादित, छिपी हुई। मणि, मंत्र इत्यादि का प्रभाव छिपे रहने पर विशेष होता है और खुल जाने पर जाता रहता है। इसी प्रकार लज्जा से आच्छादित नेत्रों में भी आकर्षण-शक्ति विशेष होती है। इसीलिए कवि ने कनीनिकाओं को मणि बनाकर लज्जा रूपी पट ढाँप रक्खा है।

अवतरण—नवयौवना मुग्धा की आँखों की पुतलियों में यौवनागमन के कारण विलक्षण प्रभा तथा लज्जा का संचार हो गया है। उसकी प्रशंसा सखी उसके हृदय में उत्साह बढ़ाने के निमित्त, करती है—

अर्थ—[अब तू अपनी] और ही ओप (प्रभा) वाली कनीनिकाओं के कारण अनेक [सपत्नियों] में शिरोमणि गिनी गई है, [क्योंकि ये तेरी कनीनिकाएँ] लज्जा-रूपी पट में छिपी हुई (लपटी हुई) पति के स्नेह की (पति के स्नेह को तेरी ओर आकर्षित करने वाली) मणियाँ बन गई हैं॥

४. **सनी** (शनि)=शनैश्चर नामक ग्रह। इस ग्रह का रंग काला माना जाता है, और वस्तुतः भी इस तारे का रंग देखने में श्याम प्रतीत होता है। सनि-कज्जल=जिसमें कज्जल शनि हैं ऐसी। यह समस्त पद 'चख-झक-लगन' का विशेषण है। इसमें बहुब्रीहि समास है। चख (चक्षु)= आँख। झख (झष)—मछली॥ लगन (लग्न)—इस शब्द का भावार्थ लगा रहना, मिला रहना है। ज्योतिष की परिभाषा में क्रान्तिवृत्त के क्षितिज में लगे रहने को लग्न कहते हैं। भारतीय ज्योतिषाचार्यों के अनुसार सूर्य पृथ्वी की परिक्रमा करता है। उस परिक्रमा-पथ को क्रांतिवृत्त कहते हैं, जो स्वयं भी प्रवह वायु द्वारा चलायमान होकर, पृथ्वी के चारों ओर घूमा करता है। यह क्रांतिवृत्त बारह सम भागों में विभक्त माना गया है। एक-एक भाग एक-एक राशि के नाम से ख्यात है। उन बारह राशियों के नाम ये हैं—मेष, वृष, मिथुन, कर्क, सिंह, कन्या, तुला, वृश्चिक, धनु, मकर, कुम्भ और मीन। जो राशि जितने काल तक पूर्व क्षितिज से सम्मिलित रहती है, उतने काल तक उस राशि की लग्न मानी जाती है। जैसे यदि सूर्योदय के समय क्रांतिवृत्त की मीन राशि क्षितिज से सम्मिलित हो, तो उस समय मीन लग्न मानी जायेगी, और जब तक क्रांतिवृत्त के भ्रमण के कारण, वह राशि घूमकर क्षितिज रेखा का उल्लंघन न कर जायेगी, और मेष लग्न रेखा पर न पहुँच जायेगी, तब तक मीन लग्न का मान रहेगा। उसके पश्चात् मेष लग्न का मान आरम्भ होगा। जन्म-कुण्डली के सम्बन्ध में लग्न उस लग्न को कहते हैं, जो किसी के जन्म के समय होती है। जैसे यदि किसी का जन्म समय मीन लग्न हो तो मीन लग्न कहने से उसके जन्म-काल की लग्न समझी जायगी। यदि उस मनुष्य के जन्म के समय मीन लग्न हो, और शनि ग्रह भी उस समय मीन राशि ही में हो, तो उस

मनुष्य की लग्न में मीन राशि के शनि का होना कहा जायगा। ऐसा मनुष्य ज्योतिष शास्त्र के अनुसार राजा होता है, यथा—

तुलाकोदण्डमीनस्थो लग्न स्थोऽपि शनैश्चरः।
करोति भूपतेर्जन्म वंशे च नृपतिर्भवेत्॥

(जातक संग्रह, राजयोग-प्रकरण, श्लोक १३)

'लगन' शब्द इस दोहे में श्लिष्ट है। इसका एक अर्थ तो वही है, जो ऊपर लिखा गया है, और दूसरे लगन अथवा मिलना है॥ सुदिन=अच्छा दिन अर्थात् ऐसा समय, जो कि ग्रहों की स्थिति के कारण राजयोग के अनुकूल हो। यद्यपि शनि का मीन लग्न में होना मनुष्य को राजा बनाता है, तथापि केवल एक यही योग इस कार्य के लिए पर्याप्त नहीं है और भी ग्रहों का यथेष्ट स्थानों में होना आवश्यक है अर्थात् और प्रकार से भी वह समय सानुकूल होना चाहिए। यही सानुकूलता बिहारी ने 'सुदिन' कहकर व्यंजित की है। नेत्रों से देखने के विषय में सुदिनता का यह भाव है कि नायिका के नायक को कज्जल-कलित नेत्रों से देखने के समय ऐसा सुअवसर था कि वह आँखें भर कर उसकी ओर देख सकी॥ सनेह (स्नेह)=स्नेह रूपी बालक। इस दोहे में, 'उपज्यौ', 'लगन' इत्यादि शब्दों के पड़ने के कारण, अर्थ बल से बालक शब्द का ग्रहण हो जाता है। भोगवै=भोगे, भोग करे॥ सुदेसु=सुन्दर देश। देश का सौष्ठव उसका धनधान्य तथा सानुकूल प्रजा से संपन्न होना इत्यादि है और देह का सौष्ठव सुन्दर, युवा तथा स्निग्ध होना है॥

अवतरण—किसी सुअवसर पर नायिका के कज्जल-कलित नेत्रों से देखने से नायक के हृदय में स्नेह उत्पन्न हुआ, जिसने उसके सर्वांग पर अधिकार जमा लिया। उसकी इसी दशा का वर्णन सखी, बड़ी चातुरी से नायिका के प्रति कर के, उसको नायक से मिलाना चाहती है—

अर्थ—जिसमें सज्जल-रूपी शनि [स्थित] है, ऐसी चख-रूपी मीन लग्न में (१. पृथ्वी तथा सूर्य की विशेष स्थिति के समय; २. आँखों के आँखों से मिलने के समय) शुभ दिन [नायक के हृदय में] उत्पन्न स्नेह-रूपी बालक सब देह रूपी सुदेश (देह-रूपी सुदेश का सार्वभौमिक राज्य) पाकर, राजा बनकर क्यों न [उस पर] भोग करे (पूर्ण अधिकार जमांवे]॥

इस दोहे में सखी नायक के स्नेह की व्यवस्था का वर्णन करती हुई, वाक्य चातुरी द्वारा, 'सुदेश' शब्द के प्रयोग से उसका सुन्दर, युवा इत्यादि होना तथा 'सब' शब्द के प्रयोग से उसके सर्वांग पर स्नेह का आधिपत्य हो जाना व्यंजित करके, नायिका के हृदय में रुचि उपजाना चाहती है॥

५. सालति है=चुभकर पीड़ा देती है॥ नटसाल (नष्ट शल्य)=बर्छी, बाण इत्यादि की अथवा काँटे की नोक, जो टूट कर घाव के भीतर रह जाती है॥ मनमथ-नेजा-नोक=कामदेव के भाले की नोक। कई एक टीकाकारों ने यह कहकर कि कामदेव के आयुध बाण प्रसिद्ध हैं अत: 'मनमय नेजा' का अर्थ कामदेव का भाला करने में प्रसिद्धि-विरुद्ध दूषण पड़ता है, ''मनमथ'' का अर्थ मन को मथने वाला अर्थात् पीड़ा देने वाला किया है। पर शृंगार रस के दोहे में 'मनमथ-नेजा-नोक' का अर्थ कामदेव के भाले की नोक ही करना विशेष सरस है। यद्यपि कामदेव के मुख्य आयुध तो अवश्य बाण ही माने जाते हैं, पर उनके और आयुधों—खड्ग-कुन्तादि—का भी वर्णन कवि करते हैं। अत: उसके भाले का वर्णन दूषित नहीं समझा जा सकता॥ खुभी=कान में पहनने का एक भूषण, जो भाले के फल के आकार का होता है॥ खुभी= चुभी हुई, धँसी हुई॥

अवतरण—खुभी पर रीझे हुए नायक का, नायिका की किसी सखी अथवा दूती से, मिलनोत्कंठा-व्यंजक वचन—

अर्थ—[उसकी] कामदेव के भाले की नोक सी खुभी [मेरे] जी में धँसी हुई नटसाल सी सालती (खटकती) है, [और] किसी प्रकार निकलती नहीं॥

६. जोन्ह (ज्योत्स्ना=चाँदनी॥ लखाइ=लक्षित॥ सौंधे=सुगंध॥ डोरे= डोरे में। जिस प्रकार दीपक की किरणें तार की भाँति चारों ओर फैलती हैं, उसी प्रकार सुगन्धित वस्तु की सुगन्ध के तार वायु के बहाव की ओर प्रसारित होते हैं। इन्हीं तारों को डोरे कहते हैं॥ अली=सखी। यदि यह शब्द यहाँ श्लिष्ट माना जाय, तो चमत्कार बढ़ जाता है। एक अर्थ सखी और दूसरा अर्थ भ्रमर करने से इसका अर्थ भ्रमर सी सखी हो जाता है।

अवतरण—शुक्लाभिसारिका नायिका की अन्तरंगिनी सखियाँ उसके शरीर की गुराई तथा सुगन्ध का वर्णन करती हैं—

अर्थ—[देखे, वह] युवती [अपनी गौर द्युति के कारण] चाँदनी में [कैसी] मिल गई है [कि] किंचिन्मात्र भी लक्षित नहीं होती। [अतः उसका दृष्टि द्वारा लक्षित करके उसके संग चलना असम्भव है, पर] अली (भ्रमर सी सखी) [जिसके शरीर की] सुगन्ध के डोरे से लगी हुई (डोरे के सहारे पर) [उसके] संग चली जा रही है॥

७. दुति-मिलत=द्युति अर्थात् आभा से मिलते ही। यह पद समस्त है॥

अवतरण—नायिका की सखी अथवा दूती नायिका के शरीर की सुनहरी आभा की प्रशंसा करके नायक के हृदय में उसके देखने की उत्कण्ठा उत्पन्न करना चाहती है—

अर्थ—मैं [तो उस पर] रीझ गई, [और तुम भी,] हे [अपने को] छबीले [समझने वाले] लाल, [उसकी] छवि देखकर रीझ जाओगे। [उसकी गुराई ऐसे पीत वर्ण की है कि उसकी] आभा से मिलते ही [उसकी] माला में [लगी हुई] मालती सोन जुही सी [सुनहरी] हो जाती है॥

८. बहके=अपने वश से बाहर हुए। छवि-छाक=छवि रूपी मदिरा से छके हुए। छकना पीने को कहते हैं। पंजाब में अभी तक लोग 'जल छक लो' को जल पी लो के अर्थ में बोलते हैं। जैक पियक्कड़ का अर्थ बहुत मदिरा पीने वाला होता है, वैसे ही 'छाके' का अर्थ मदिरा पीकर मतवाले होना है। अतः 'छवि छाके' का अर्थ छवि रूपी मदिरा पीकर मतवाले हुआ॥

अवतरण—सखी नायिका से कहती है कि तुझे अपना अनुराग छिपाए रखना चाहिए; इस तरह प्रेमोन्मत्त देखकर लोग तुझे क्या कहेंगे। उसकी यह शिक्षा पूर्वानुरागिनी नायिका उससे कहती है—

अर्थ—[मैं क्या करूँ], ये छवि-रूपी मदिरा पीकर मतवाले, बहके, [और इसी कारण] क्षण-क्षण पर और ही और प्रकार के होने वाले नयन जी की सब [छिपी हुई बातें] कह देते हैं (प्रकाशित कर देते हैं), [और], ठौर कुठौर (अवसर अनवसर) नहीं देखते (समझते)॥

यह बात प्रसिद्ध ही है कि मदिरा पान करने पर मनुष्य अपने जी की सब बातें कह देता है। इसीलिए चोर से उसकी चोरी कहला लेने के लिए उसको प्रायः मदिरा दी जाती है।

९. लाव=रस्सी, नाव बाँधने की लहासी॥ लाज की लाव—लज्जाकृत लाव, लज्जा से बनी हुई लाव अर्थात् लज्जा रूपी लाव॥ छवि=छवि-रूपी नद। यहाँ आरोप्यमान नद का अर्थोपक्षेपण है॥ झौर=यह शब्द झूमर का रूपान्तर है। किसी वस्तु के झूमते हुए गोलाकृति समूह को झूमर अथवा झौर कहते हैं। हेमचन्द्र की देशी नाममाला में यही शब्द 'झौं डलिया' के रूप में मिलता है। उसका अर्थ रास के सदृश एक नाच है, जिसमें अनेक व्यक्ति मंडल बाँध कर नाचते हैं॥

अवतरण—पूर्वानुरागिनी नायिका अन्तरंगिनी सखी से अपनी स्नेह दशा कहती है—

अर्थ—[नायक के] अंग-अंग की छवि के झूमर में [फँसकर मेरा] चित्त, भँवर की (भँवर में पड़ी हुई) नाव बना हुआ, फिर कर (घूम फिर कर), उसी ओर (नायक ही की ओर), रहता है, [और किसी ओर नहीं जाता, क्योंकि उसको नायक की ओर से खींचने वाली] लज्जा-रूपी रस्सी टट गई है।

१०. अनाकनी=अनसुनी। आनाकानी देना=बात को सुनकर भी न सुनना। फीकी=प्रभाव-रहित॥ गुहारि=पुकार॥ बिरदु=प्रशंसा, प्रशस्ति। तारन-बिरदु=तारने वाले होने की विख्याति॥ बारक=एक बार ही, सर्वथा॥ बारनु=हाथी।

अवतरण—भक्त का उलाहना भगवान् से—

अर्थ—[हे नाथ! आपने तो] अच्छी आनाकानी दी,! [हमारी] पुकार फीकी पड़ गई, मानो हाथी को तार कर [आपने] एक बार ही [अपना] तारन विरद (तारने वाले कहलाना) छोड़ दिया।

११. चितई—इस शब्द का प्रयोग बिहारी ने सब और अकर्मक ही किया है। १४४, ३१९, ४९३ तथा ६२३ अंकों के दोहों में इस शब्द का प्रयोग हुआ है, और सबमें अकर्मक ही प्रयोग है॥

अवतरण—नायक को देखकर नायिका ने जो अनुरागोत्पादक तथा अनुरागव्यंजक चेष्टाएँ की हैं, उन पर रीझ कर नायक स्वगत; अथवा उसकी सखी से, कहता है—

अर्थ—घूँघट के पट में से [पहिले तो उसने] डट कर (स्थिरता-पूर्वक, आँखों से आँखें भली-भाँति मिलाकर) [मुझे] ललचाते हुए

चक्षुओं से देखा, [और फिर किसी] ब्याज से [वह] छबीली [मुझको अपनी] छाया क्षण मात्र छुआकर (छुआती हुई) चली॥

'छबीली' शब्द को 'छाँह' का विशेषण भी मान सकते हैं।

छाया पृथ्वी पर पड़ती है। 'छुवाइ' शब्द से छाया के अन्तिम भाग मात्र का स्पर्श और उससे नायिका का अपने सिर की छाया से नायक के पाँवों का स्पर्श करना, अर्थात् नायक को प्रणाम करने का भाव, व्यंजित होता है। छाया छुआने से यह भी सूचित होता है कि नायक उसको ऐसा प्रिय लगा कि यद्यपि वह उसको अपना शरीर लज्जा वश न छुआ सकी, तथापि छाया ही को उसके शरीर से छुआकर उसने स्पर्शाभास का सुख प्राप्त किया।

१२, जोग-जुगति (योग-युक्ति)—योग शब्द यहाँ श्लिष्ट है। इसके दो अर्थ हैं—(१) नायक का मिलाप; (२) चित्त-वृत्तियों के निरोध द्वारा जीवात्मा का परमात्मा में लीन करना। जुगति=उपाय। जोग-जुगति (१) प्रियतम-संयोग की प्राप्ति के उपाय; (२) योग-क्रिया करने के विधान॥ प्रिय=इस शब्द के भी दो भावार्थ हैं—(१) प्रियतम, नायक; (२) परम-प्रेमास्पद परमात्मा॥ अद्वैतता=अभिन्नता। गायक पक्ष में इसका अर्थ अपने सामने से अलग न होने देना है, और ब्रह्म पक्ष में ब्रह्म तथा जीव का ऐक्य भाव। काननु=इस शब्द के भी यहाँ दो अर्थ हैं—(१) कानों को। इस अर्थ में यह शब्द कान शब्द के सम्बन्ध कारक का बहुवचन रूप है, जो कि कर्मकारकवत् प्रयुक्त हुआ है; (२) वन। इस अर्थ में यह शब्द कानन शब्द के कर्मकारक का एक वचन रूप है॥ नैन (नयन)—यह शब्द भी यहाँ श्लिष्ट है। इसका पहिला अर्थ नेत्र है, और दूसरा उचित आचार तथा संयम रखने वाले अर्थात् योगी। इन दोनों अर्थों के संयोग से 'नैन' शब्द में श्लिष्ट-पद-मूलक रूपक हुआ॥

अवतरण—नवयौवना मुग्धा के नेत्रों के सौन्दर्य तथा बढ़ाव को देखकर सखियाँ, उनकी प्रशंसा करती हुई, उससे परिहासात्मक तथा उत्साहवर्द्धक वाक्य कहती हैं—

अर्थ—[अब तेरे] नयन-रूपी योगी 'काननु' (श्रवण-रूपी वन) का सेवन करने लगे हैं, मानो मदन-रूपी महा योगी के द्वारा योग (१. संयोग। २. योग क्रियाओं) की सब युक्तियाँ सिखाए हुए [ये] प्रिय अद्वैतता

(१. प्रियतम से अलग न होना; २. परमात्मा से एकता) चाहते हैं [एवं इनकी शोभा पर रीझकर नायक सदैव तेरे सामने उपस्थित रहेगा]॥

यह सखियों का परिहास उसी प्रकार का है, जैसा सम-वयस्क युवतियाँ आपस में किया करती हैं कि अब तो तेरे मन में और ही चाव बढ़ने लगे हैं, और तेरा प्रियतम तुझ पर मोहित हो रहा है॥

१३. खरी=बहुत, बड़ी, अत्यन्त॥ पातरी—पतली, सुकुमार अर्थात् जिस पर किसी बात का प्रभाव शीघ्र पड़े। 'पातरी कान की'=कान की पतली अर्थात् किसी बात को सुनकर, बिना विचारे, उस पर शीघ्र विश्वास कर लेने वाली। इस विशेषण से नायिका की अप्रौढ़ता व्यंजित होती है॥ बहाऊ=बहा देने के योग्य अथवा बहा देने वाली, अर्थात् नष्ट करने वाली॥ आक (अर्क) मदार॥ रली=आनन्द, बिहार, सुख॥

अवतरण—मध्या नायिका ने, नायक को अन्य स्त्री-रत सुनकर, मान किया है। सखी उसको समझाती है—

अर्थ—[तू] कान की बड़ी पतली है। [यह तेरी] कौन (किस अर्थ की अर्थात् बहुत निकम्मी) बहाऊ (बहा देने के योग्य अथवा तुझको नष्ट करने वाली) बान (प्रकृति) है [कि तू बिना विचार किये सबकी बातों पर विश्वास कर लेती है] हे अली (सखी) [तू अपने] जी में यह बात जान ले (निश्चित कर ले) [कि] अली (भ्रमर) मदार की कली से रली (विहार) नहीं करता॥

१४. प्यौसार (पितृ शाला)=बाप के घर, नैहर। दुरजोधन (दुर्योधन) कौरवपति धृतराष्ट्र का पुत्र। उसको शाप था कि जब उसको हर्ष तथा लोक दोनों एक साथ ही व्यापेंगे, तब उसकी मृत्यु होगी। एक ऐसे ही अवसर पर उसके प्राण छूटे थे॥ देखियति=देखी जाती है॥ इहि बार=इस बार अर्थात् अब की बार नैहर जाते समय।

अवतरण—पहिले तो नायिका मुग्धा थी, अतः उसे नैहर जाते समय नायिका वियोग का दुःख नहीं होता था। पर अब वह मध्यावस्था को प्राप्त हो रही है, अतएव इस बार उसको नैहर जाने के हर्ष के साथ ही नायक के विछोह का दुःख भी व्याप्त हो रहा है। अर्थात् उसको हर्ष तथा दुःख एक साथ ही हुए हैं, जिससे उसके प्राण बड़े संकट में पड़े हुए हैं। उसकी इसी दशा का वर्णन सखी सखी से करती है—

अर्थ—नैहर जाते [समय एक तो इसको नैहर वालों की दर्शन-सम्भावना का] हर्ष है, [और दूसरे] प्रियतम से बिछुड़ने का दुःसह दुःख है। [अतः] इस बार [की जवाई में यह] दुर्योधन की भाँति प्राण तजते समय की दशा में देखी जाती है॥

१५. झुलमुली=इस शब्द का अर्थ, कृष्ण कवि को छोड़कर, सभी टीकाकारों ने कर्ण-भूषण विशेष, जिसको झाला अथवा पीपलपत्ता कहते हैं, लिखा है, और इसी अर्थ के अनुसार दोहे का भी अर्थ किया है। कृष्ण कवि ने इसका अर्थ और कोई भूषण—कदाचित् उरवसी-माना है। ईसवी खाँ ने इसका अर्थ उरवसी किया है और यह भी लिखा है कि "जो नायिका को कहैं झीने पट मैं ऐसी झलमलै है, तो भी हो सकै है। " हमारी समझ में 'झुलमुली' का अर्थ झुलमुलाती हुई, अर्थात् झीने पट से ढँपे रहने के कारण कभी झलकती और कभी छिप जाती हुई करके इसको 'ओप' शब्द का विशेषण मानना चाहिये। १८६ तथा ५३८ अंकों के दोहा में जो 'झलमलै' शब्द क्रिया रूप से पड़ा है, उसी शब्द से यह 'झुलमुली' शब्द विशेषण बना है। झलमलाना, झिलमिलाना तथा झुलमुलाना ये तीनों शब्द वस्तुतः एक ही शब्द के रूपान्तर मात्र हैं और थोड़े-थोड़े अर्थ भेद से प्रयुक्त होते हैं॥ लसति=विलास करती है, अर्थात् मन्द-मन्द हिलती हुई सुशोभित होती है॥

अवतरण—झीने पट में फूटकर निकलती हुई नायिका के शरीर की झलक पर रीझकर नायक स्वगत कहता है—

अर्थ—[अहा! इसकी] झुलमुली (झुलमुलाती हुई) अपार ओप झीने पट में से [ऐसी] झलकती है, मानो कल्पवृक्ष की पल्लव-सहित डार समुद्र में विलास कर रही है॥

'सपल्लव डार' इसलिए कहा है कि हाथों, पाँवों, ओठों तथा कानों की उपमा पल्लवों से दी जाती है॥

१६. ठोड़ी-गाड़=ठुड्डी का गढ़हा॥ बटोही=बाट चलने वाले, पथिक॥ चिलक=चमक। चौंध=पथिकों को जो किसी रात को, अधिक रात्रि रहने पर भी, तारों इत्यादि के प्रकाश के कारण सबेरा होता सा प्रतीत होने लगता है, और जिससे चौंधिया कर, अर्थात् धोखा खाकर, उसी समय मार्ग चल पड़ते हैं, उस धोखा देने वाले प्रकाश को चौंधा

अथवा चौंध, अर्थात् चमक से आँखों को अन्धा करने वाला, भ्रम में डालने वाला कहते हैं। इसी का नाम फारसी भाषा में 'सुबहे काजिब' है। ऐसे चौंधे से धोखा खाकर जब पथिक अधिक रात्रि रहने पर भी चल पड़ते हैं तो ठगों की बन आती है। वे उनको फाँसी डालकर मार डालते और किसी गड्ढे में डाल देते हैं।

अवतरण—नायक के नेत्र नायिका के शरीर की शोभा देखते मोहित होकर उसकी ठुड्डी के गड़हे में पड़ गए हैं; और अब वहाँ से शोभाधिक्य के कारण नहीं टल पाते। अपने नयनों की यह व्यवस्था नायक, नायिका की शोभा का वर्णन करता हुआ, स्वगत कहता है—

अर्थ—[उसके] सौंदर्य-रूपी ठग ने चिलक-रूपी चौंध में [मेरे] नयन-रूपी पथिकों को घेर कर, हँसी-रूपी फाँसी डाल, मारकर ठोड़ी के गड़हे में डाल दिया [एवं वे बेचारे अब वहीं पड़े हुए हैं]॥

१७. मन=मानस। यह शब्द यहाँ श्लिष्ट है। इसका पहिला अर्थ मन और दूसरा अर्थ मानसरोवर है। इस श्लेष के कारण 'मन' शब्द में श्लेष-मूलक रूपक है। अतः मन का अर्थ यहाँ मनरूपी मानसरोवर हुआ।

अवतरण—सखी की शिक्षा सुनकर नायिका कहती है कि अब मेरे मन से मोहन का लावण्यमय रूप किसी रूप से निकल नहीं सकता। तेरा शिक्षा देना वृथा है—

अर्थ—मोहन का [लावण्यमय] रूप [मेरे] मन रूपी मानसरोवर में मिल कर पानी में का (पानी में घुला) लवण हो गया है। अब [तू] कह (बतला) [तो सही कि] कोटिक यत्न करने पर भी [उसको उसमें से] कौन निकाले (निकाल सकता है)॥

प्रायः टीकाकारों ने 'मन' को कर्ता और मोहन रूप को अधिकर मान कर अर्थ किया है। वह भी बुरा नहीं है। इस अर्थ में 'मन' को उकारांत, तथा 'मोहन-रूपु' को अकारांत मानना होगा॥

१८. सुमनु=(१) सो मन; (२) पुष्प सः। फलु=(१) प्राप्ताभीष्ट प्राप्तकामना; (२) फलयुत॥ आतप-रोसु (आतस-रोष) (१) ताप देने वाला अर्थात् दुःख देने वाला रोष; (२) आतप अर्थात् घाम का रोष अर्थात् तीक्ष्णता, प्रचंडता। बारी=(१) बालिका अर्थात् अनुभव रहित

स्त्री, (२) माली, उद्यान का रक्षक। वाट का अर्थ उद्यान है। अतः वाटी का अर्थ उद्यान-संबंधी मनुष्य अर्थात् माली हुआ। इसी शब्द से, 'ट' को 'र' आदेश होकर, बारी शब्द बना है जो कि इस समय एक जातिविशेष का वाचक है। इस समय बारियों का मुख्य काम पत्तल, दोना बनाना है। यह काम पहिले उपवन रक्षकों ही का था। बारी=पारी अर्थात् अपने यहाँ नायक के आने की पारी, (२) वाटिका॥ सुहृदता=(१) मैत्री, प्रेम; (२) सात्म्य, उपयोगिता। बारि (वारि)=(१) वाक् सरस्वती। यहाँ इसका अर्थ वचन लेना चाहिये; (२) जल॥ सुहृदता-वारि=(१) मित्रता के वचन; (२) सुहृदता का जल, सात्म अर्थात् सानुकूल जल अर्थात् ऐसा जल, जो बारी को यथेष्ठ लाभदायी हो। जिस प्रकार सुहृदता के वारि (वचन) का अर्थ ऐसा वचन, जिसमें मित्रता की सरसता हो, होता है, उसी प्रकार सुहृदता के वारि (जल) का अर्थ ऐसा जल होता है, जिसमें सानुकूलता के गुण हों, अर्थात् स्वच्छ, शीतल तथा मधुर जल, जो बारी के निमित्त हितकारी होता है॥

कवि इस पूरे दोहे में श्लेष-बल से दो अर्थ रखकर, नायिका से उसके इष्ट की गुप्त बात, सखी द्वारा, माली तथा बहिरंगिनी सखियों के सामने ही, कहला देता है; पर उन लोगों का ध्यान, दूसरे ही अर्थ में उलझकर, मुख्य अभिप्राय की ओर नहीं जाने पाता।

अवतरण—आज इस नायिका के घर नायक के पधारने की पारी है, पर अभी तक वह आया नहीं है। नायिका का मन उसी में लगा हुआ है, और विलम्ब के कारण कुछ रुष्ट सी होकर वह, जी बहलाने के निमित्त, वाटिका में भ्रमण कर रही है, जहाँ माली तथा कुछ बहिरंगिनी सखियाँ भी उपस्थित हैं। इतने में उसकी अंतरंगिनी सखी, जो नायक के पास गई थी, आकर यह दोहा चातुरी से पढ़ती है कि नायिका तो अपना इष्टार्थ समझ ले, पर माली तथा बहिरंगिनी समझें कि वह यह वाक्य माली से कह रही है। नायिका-प्रति तो वह यह कहती है—

अर्थ—(१) हे बारी (भोली स्त्री), [तेरा] मन [जो] लगा है, सो सफल (प्राप्ताभीष्ट) होगा। [तू इस] दुःखमयी रोष को निवारित कर के बारी (पारी) सुहृदता (मैत्री) के वारि (वाक्य) से सींच (सरस कर)॥

पर अन्य व्यक्तियों की जान में वह माली से यह कहती है—

अर्थ—(२) हे बारी (माली), [तेरी वाटिका में] लगा हुआ सुमन (फूल) सफल (फलयुत) होगा। [तू] अपनी बारी (वाटिका) सुहृदयता के वारि (सानुकूल जल) से सींचकर घाम के रोष (प्रचंड प्रभाव) का निवारित कर॥

हरिचरण दास ने लिखा है कि यह दोहा बिहारी का नहीं है। यह उनका शुद्ध भ्रम है। एक तो यह दोहा सब प्राचीन पुस्तकों में तथा हरिचरण दास के पूर्व की टीकाओं में मिलता है; और दूसरे ऐसी उच्च कोटि का है कि बिहारी के अतिरिक्त कोई बिरला ही इसका रचयिता हो सकता है। इसमें उन्होंने जो क्रम भंग दोष बतलाया है, वह उनको अर्थ न समझने के कारण भासित हुआ है।

१९. अजौं (अद्यापि)=आज तक भी, अब तक भी। तरयौना—यह **शब्द** श्लिष्ट है। इसका एक अर्थ अधोवर्ती है और दूसरा अर्थ कर्णभूषण विशेष जिसको तालपर्ण तथा ताटंक भी कहते हैं, और भाषा में उसी को तरकी कहते हैं॥ श्रुति=(१) वेद की श्रुति; (२) कान॥ इकरंग=एक रीति पर, अविच्छिन्न रूप से॥ नाक-वास=स्वर्ग निवास; (२) नासिका का निवास॥ बेसरि=(१) नासिका भूषण विशेष; (२) बेसरी, खच्चरी, अर्थात् महा अधम प्राणी। बेसर संस्कृत में खच्चर को कहते हैं। उसी से बेसरी, स्त्रीलिंग रूप, बनता है। यहाँ यह रूप अत्यन्त तिरस्कार तथा लघुता का व्यंजक है। लक्षणा शक्ति से 'बेसरि' का अर्थ यहाँ बेसरी-सदृश महा अधम प्राणी होता है॥ मुकुतनु=(१) जी वन-मुक्त सज्जनों; (२) मुक्ताओं॥

अवतरण—इस दोहे में कवि बेसर का वर्णन करता हुआ श्लेष-बल से सत्संग की प्रशंसा करता है। बेसर पक्ष में इस दोहे का अर्थ यह होता है—

अर्थ—(१) आज तक तरयौना (कर्ण-भूषण) एक ढंग से (ज्यों का त्यों) कानों का सेवन करता हुआ (अधोवर्ती अर्थात् अमुख्य स्थान स्थित) तरयौना ही रहा, [और] बेसर ने मोतियों का संग पाकर नाक-बास (१) नासिका का बास; २. उच्च पद) प्राप्त किया॥

कान की स्थिति पार्श्व भाग में होने के कारण कवि ने उसे अमुख्य स्थान मानकर तरयौने को अमुख्य स्थान स्थित वर्णित किया है, और

नाक शब्द का अर्थ लक्षणा शक्ति से प्रधान, मुख्य, श्रेष्ठ इत्यादि किया है, जैसे ऐसे वाक्यों में होता है—'यह देश सब देशों का नाक है॥

सतसंग पक्ष में इस दोहे का अर्थ होता है—

अर्थ—(२) अविच्छिन्न रूप से श्रुति (वेद) का सेवन करता हुआ [मनुष्य] आज तक भी तरयौना (अधोवर्ती) ही [बना] रहा, [और] बेसरी (महाअधम प्राणी) ने [भी] मुक्तों (जीवन-मुक्त सज्जनों) के संग बस कर नाक-बास (स्वर्ग निवास) प्राप्त किया॥

टीकाकारों ने प्राय: सत्संगति-प्रशंसा के पक्ष में, 'तर्‌यौनाही' का अर्थ 'तरा नहीं' किया है। वह अर्थ भी इस प्रकार लग सकता है—

एक रूप से श्रुति का सेवन करता हुआ [मनुष्य] आज तक भी बिना तरा ही रहा, [और] बेसरी (महा अधम प्राणी) ने मुक्तों (जीवन-मुक्त सज्जनों] के संग बसकर स्वर्ग निवास प्राप्त किया॥

२०. तरहरि=नीचे॥ धरहरि=निश्चय॥ नरहरि=(१) नरसिंह भगवान्, (२) कवि के दीक्षा गुरु नरहरि दास। इनके विषय में विशेष जानने के लिये, भूमिका में बिहारी की जीवनी द्रष्टव्य है॥

अवतरण—कवि की उक्ति अपने मन से—

अर्थ—[तू] यम-रूपी हाथी के मुँह के नीचे पड़ा हुआ है, इस निश्चय पर चित्त लगा, [और] अब भी विषय-तृष्णा छोड़कर हरहरि के गुणों का गान कर॥

२१. महावरु—पहली तथा दूसरी प्रतियों के अनुसार यह शब्द उकारांत ठहरता है, और चौथी तथा पाँचवीं प्रतियों के अनुसार अकारांत। हमने पहली तथा दूसरी प्रतियों का अनुसरण करके इसको उकारांत रक्खा है॥ 'आजु' (अद्य)=अव्यय होने के कारण यद्यपि इस शब्द के उकारांत होने की कोई आवश्यकता नहीं है, पर ब्रजभाषा के कवियों ने इसको प्राय: उकारांत ही लिखा है। सतसई में यह शब्द छः दोहों में आया है और छवों स्थानों पर बिहारी ने इसको उकारांत ही लिखा है॥

अवतरण—पौढ़ा-धीरा-खंडिता नायिका की उक्ति नायक से—

अर्थ—पलकों में पान की पीक, अधर पर अंजन, [तथा] भाल पर महावर धारण किये हुए (अर्थात् पलकों में अधर रेंगने वाली वस्तु,

अधर पर पलकों में देने वाली वस्तु एवं भाल पर पैरों में लगने वाली वस्तु धारण किए हुए) आज [जो तुम] मिले हो, सो अच्छी बात की, [वाह जी वाह!] अच्छे बने हो॥

इस दोहे में 'भली तथा भले' शब्द व्यंग्यात्मक हैं।

२२. **अवतरण**—प्रातःकाल सखी, नायिका के नेत्रों की कुछ विलक्षण ही शोभा से रात्रि में रमी हुई रति के विधान को, अर्थात् विपरीत रति को, लक्षित करके कहती है—

अर्थ—लाज, गर्व, आलस्य और उमंग से भरे हुए [तेरे] नेत्र मुसकिराते हैं [जिससे तेरी कुछ] और ही [प्रकार की बनी हुई] शोभा रात्रि की रमी हुई रति [के प्रकार को] प्रातःकाल कहे देती है (तेरा विपरीत रति का करना प्रगट किए देती है)॥

लज्जा, गर्व तथा आलस्य, उमंग, इन विरुद्ध भावों का संघटन यही इस दोहे में विलक्षणता है। गर्व तथा उमंग से विपरीत रति लक्षित होती है और लज्जा तथा आलस्य से प्रमाणित होता है कि उक्त गर्व तथा उमंग रति ही के कारण है॥

२३. टलाटली=टालमटोल, ब्याज, मिष॥

अवतरण—नायक और नायिका रंगमहल में बैठे विनोद कर रहे थे। वहाँ सखियाँ भी उपस्थित थीं। उसी समय नायक ने बातों में रति की इच्छा प्रकट की। नायिका ने यह सुनकर अपनी मुसकिराहट से प्रसन्नता लक्षित कराते हुए अंतरंगिनी सखी की ओर इस भाव से देखा कि अब उक्त कार्य का अवसर हो जाना चाहिए। यह लक्षित करके सब सखियां वहाँ से एक-एक करके, किसी न किसी मिस से, टलने लगीं। सखी का वचन सखी से—

अर्थ—पति ने रति की बातें कहीं (बातों में रति की इच्छा प्रकट की), [जिसको सुनकर नायिका ने] मुसकिरा कर [अपनी मुख्य] सखी को देखा। [यह देख] सब सखियाँ सुख पाकर, टलाटली (अनेक प्रकार के ब्याज) कर करके, [वहाँ से] चली (हटने लगीं)॥

सखी तथा अली (आलि) शब्द यद्यपि भाषा में प्रायः एक ही अर्थ में प्रयुक्त होते हैं पर बिहारी ने इस दोहे में 'सखी' शब्द में 'अली' की अपेक्षा कुछ मुख्यता रक्खी है॥

२४. उरबसी=उर्वशी अप्सरा। उरबसी=हृदय पर पहनने का भूषण विशेष॥

अवतरण—राधिकाजी ने श्रीकृष्ण चंद को अन्य-रत सुनकर मान किया है। सखी मान छुड़ाने के निमित्त कहती है—

अर्थ—हे प्रवीण राधे! सुन, [तू तो ऐसी सुन्दर है कि और की कौन कहे, इन्द्र की अप्सरा] उर्वशी को [भी] मैं तुझ पर वार दूँ। तू [तो] मोहन के उर में उरबसी [भूषण] के समान होकर बसी है [फिर दूसरी उनके उर में कैसे बस सकती है]॥

२५. चाड़=लालच। यह शब्द चाट का रूपान्तर है; जैसे शाटी का साड़ी, कीट का कीड़ा इत्यादि। चिबुक=अधर के नीचे का भाग॥

अवतरण=नायिका की शोभा का निरीक्षण करता हुआ तथा चिबुक के गड़हे पर अत्यन्त रीझा हुआ नायक स्वगत कहता है—

अर्थ—[मेरी] दृष्टि कुच रूपी पहाड़ पर चढ़कर, अति थकित (शोभा से मुग्ध) होकर [भी], मुख की चाड़ (चाट, लालच) से [उधर] चली। [पर] चिबुक की गाड़ (गर्त, गड्ढे, खाड़ी में) गिर गई, [और] फिर [वहाँ से, अत्यन्त थकित होने के कारण,] टली नहीं [वहीं] पड़ी ही रही॥

२६. अनियारे=अनी वाले, नुकीले॥ निषेधु=वह कार्य जो अपने लिए वर्जित हो, अनुचित कार्य॥ बरबट (बलवत्)=बलपूर्वक बरबस॥ बेधु=छिद्र॥

अवतरण—नायिका के सर्वांग-सौन्दर्य पर रीझा हुआ नायक कहता है—

अर्थ—[तेरे] नुकीले नयन [तो] बेधक [है ही, अतः वे कोई] निषेध (अपने निमित्त निषिद्ध अर्थात् वर्जित काम) करके [मेरे हृदय को] नहीं बेधते अर्थात् वे मेरा हृदय बेधने में कोई अपने कर्त्तव्य के विरुद्ध काम नहीं करते)। तेरा [तों] नासा का बेध [भी, जो कि स्वयं बेधा हुआ है और जिसका काम बेधना नहीं है] बरबट (बरबस, अपने लिए अविहित काम करके) मेरे हृदय को बेधता है [भावार्थ यह हुआ कि तेरे सब अंग की शोभा हृदय को बेधती है; यहाँ तक कि तेरी नासा का छिद्र भी]॥

२७. दीठि=कुदृष्टि॥ दीनी=इन शब्द को कवि लोग प्राय: दीन्यों अथवा दीन्यौ बोलते और लिखते हैं। हमारी प्राचीन पुस्तकों के अनुसार 'दोनौ' ही पाठ ठीक ठहरता है। सतसई में और कहीं यह शब्द नहीं आया है, अत: और दोहों से इसके यथार्थ रूप का पता नहीं चलता। 'लीनौ' शब्द अवश्य ४४३ दोहे में आया है। उसका पाठ भी 'लीनौ' ही ठहरता है। इसलिए यहाँ 'दीनों' ही पाठ रक्खा गया है॥ ईठि=इष्ट शब्द से ईठ बनता है, जिसका अर्थ मित्र है। उसी का स्त्रीलिंग—रूप 'शब्द' है। इसका अर्थ हितकारिणी, अर्थात सखी है॥ देठौना—काजल इत्यादि की काली टीकी, जो मुख पर इस अभिप्राय से लगा दी जाती है कि कुदृष्टि न लगे॥

अवतरण—दिठौना के कारण नायिका के मुख पर अधिक शोभा हो जाने का वर्णन नायक परिहासात्मक वाक्य में, उससे करता है—

अर्थ—[तेरी] सखी ने [तो तुझे दिठौना] यों कह कर (यह विचार कर) लिया [कि तेरे] सलोने (लावण्यमय) मुख पर दृष्टि (कुदृष्टि) न लगे, [पर इस] दिठौना देने से [तो तेरे मुख की ऐसी शोभा बढ़ गई कि उस पर] दृष्टि (आँख) दूनी होकर (और भी अधिक) लगने लगी (जमने) लगी॥

२८. हाँसी-बिनु=बिना किसी हँसी की बात की॥

अवतरण—मानिनी नायिका को चेष्टा से उसके मान को समझ कर खिसियाए हुए नायक की व्यवस्था सखी-सखी से कहती है—

अर्थ—[नायिका को] रूखे दृगों की चितवन, [और नायक की] बिना किसी हँसी की बात ही की मुसकिराहट (अर्थात् खिसियानपने की मुसकिराहट) से [तू] समझ ले कि मानिनी ने [तो] मान जनाया, [और] प्रियतम ने [उसका यह मान जनाना] जान लिया (समझ लिया)॥

२९. त्यों=ओर॥ समुहाति=सामने होती है॥ कविलनवी=पाँचों प्राचीन पुस्तकों के अनुसार इस शब्द का पाठ यही अर्थात् 'कविलनवी' ठीक ठहरता है। बिहारी के सबसे पहिले टीकाकार मानसिंह ने इसका अर्थ यह लिखा है—'कविलनवी, कठपुतली श्री सीता जी की मूर्ति श्रीराम चित्रपट में देखि पीठि फेरै।' कृष्ण कवि का पाठ तो निश्चित रूप से नहीं ज्ञात होता, पर उन्होंने इस शब्द का अर्थ 'मन्त्र की कटोरी'

किया है। जब किसी की कोई वस्तु चोरी जाती है, तो उसका पता लगाने के लिए वे लोग, जिन पर सन्देह होता है, मंडल बाँध बैठा दिए जाते हैं और उनके बीच में एक कटोरी जल भर कर रख दी जाती है। तान्त्रिक के मन्त्र पढ़ने पर कटोरी चलायमान होती है, और सबकी ओर जा-जाकर लौट आती है। पर जो उनमें से चोर होता है, उसके सामने ठहर जाती है। यह क्रिया अब भी कोई-कोई करते हैं इसको कटोरी चलाना कहते हैं। कृष्ण कवि का अभिप्राय इसी कटोरी से है। यह शब्द और कहीं देखने में नहीं आया, अतः इसके मूल रूप तथा अर्थ के विषय में निश्चयपूर्वक कुछ नहीं कहा जा सकता। परन्तु यह अर्थ यहाँ लगता बहुत अच्छा है। यदि कृष्ण कवि का अर्थ ठीक माना जाय, तो इसका 'कौल' शब्द से, जो कि एक तान्त्रिक सम्प्रदाय का वाचक है अथवा 'कवल' शब्द से, जो कटोरा-वाचक है, किसी प्रकार बनना सम्भव है। प्रतीत होता है कि बिहारी के समय में भी यह शब्द एक क्रिया विशेष से सम्बन्ध रखने के कारण, सर्वसाधारण में प्रचलित नहीं था। अतः कृष्ण कवि को तो यद्यपि इसका ठीक अर्थ ज्ञात था, किन्तु अनवर चन्द्रिकाकारों को इस शब्द के अर्थ में भ्रम हुआ, और उन्होंने इसका पाठ 'कविलनुमा' कर लिया। बाद को और टीकाकारों ने भी वैसा ही किया। फारसी भाषा में 'किब्लःनुमा' दिक्‌प्रदर्शक यन्त्र को कहते हैं। यह 'कविलनुमा' उसी 'किब्लनुमा' का अपभ्रंश है। यद्यपि 'कविलनुमा' पाठ से भी इस दोहे का अर्थ अच्छा लग जाता है, तथापि यहाँ मन्त्र की कटोरी का भाव विशेष संगत ज्ञात होता है। अतः हमने, अपनी प्राचीन पुस्तकों के अनुसार, 'कविलनवी' ही पाठ रखकर उसका अर्थ मन्त्र की कटोरी किया है।

अवतरण—परकीया नायिका की दृष्टि इधर-उधर से घूम फिरकर उप पति ही की ओर जा ठहरती है, जिससे सखी उसका प्रेम लक्षित करके कहती है—

अर्थ—[तेरा] यह दृष्टि क्षण मात्र सभी की ओर समुहाती (सामने जाती) है [पर फिर] सबको पीठ देकर चलती है। (सबकी ओर से लौट पड़ती है), [एक] उसी [नायक] की ओर [जाकर] कविलनवी (मन्त्र की कटोरी) की भाँति ठहरती है [जिससे लक्षित होता है कि तेरा चितचोर वही है]॥

३०. बिरदु=प्रशस्ति, किसी उत्तम कार्य करने से प्रसिद्ध नाम॥ देखिवी=देखने के योग्य है, देखना है॥ बीधे=बिद्ध हुए, उलझे॥ गोधे=ललचाए हुए, परचे हुए॥ गोधहिं=गिद्ध को, संपाती गिद्ध को॥

अवतरण—कवि अथवा किसी भक्त का वचन भगवान् से—

अर्थ—हे मुरारी! अब देखना है [कि आपका तारन] विरद किस प्रकार रहेगा; [क्योंकि आप एक सामान्य पापी] गिद्ध (संपाती) को तार कर परचे हुए मुख [महा पापी] से आ उलझे हैं॥

•

घनआनन्द

घनआनन्द-कवित्त

कवि प्रशस्ति

१. घनआनन्द के काव्य की यह प्रशस्ति संग्रहकर्ता ब्रजनाथ ने की है। भावना०=प्रवृत्तियों के भेद का स्वरूप ठीक-ठीक ग्रहण कर सके। चाह=प्रेम। बिछुरें=प्रिय के बिछुड़ने और (बिछुड़ने के अनन्तर) मिलने पर जो शान्त न रहे; उसके पाने और भेंटने के लिए विह्वल हो उठे। भाषा०=भाषा की सामान्य गतिविधि से पूर्ण परिचित। सुछंद=स्वच्छंद (व्यावहारिक बन्धन से मुक्त) कवित्त=कविता। बखानै=अर्थ का तत्त्व बतला सकता है।

२. अति ऊँचो=उत्तम कोटि का। छकी=परिपूर्ण। लालच=लालसा। बौरे==अनभिज्ञ। बुद्धि-चकी=चकित बुद्धि से, आश्चर्यचकित होकर। जग की कविताई=अन्य लोगों की (रीतिबद्ध) सामान्य कविता। जाति जकी=चकपकाती है। हिय-आँखिन=हृदय की आँखों से। तकी=देखी हो, अनुभव की हो।

(मूल-ग्रन्थ)

१. लपेटी=लिपटी हुई, युक्त। भेद-भाव=रहस्यपूर्ण भाव, गूढ़ भाव। बदन=मुख। दसन०=दाँत की चमक फैलकर हृदय पर मोती की माला जा पड़ती है। लड़कि=ललक के साथ। निधि=खजाना। बाल=बाला, प्रेमिका। अनंग०=कामजन्य छटा से मिलकर। मुरि०=मुड़ने में, घूम जाने में।

२. छके=प्रेम के मद से मस्त। काननि०=कानों को छूकर, कान तक फैले हुए अर्थात् विशाल। कपोल=कपोल पर। कलोल०=हिलती है।

कल०=सुन्दर गर्दन पर। जलजावलि०=मोतियों की दो लर की माला। धर=धरा, पृथ्वी पर।

३. मोद०=प्रसन्नता युक्त, प्रफुल्लतापूर्ण। चटकीली=भड़कीला। चटकीली०=चटक=मटक के ढंग से। लटकत=मस्ती से झूलते हुए, बल खाते हुए। ढुराय=हिलाते हुए, इधर-उधर मटकाते हुए। नेह०=प्रयुक्त लड़काय=ललक के साथ। आनि=आकर।

४. लड़कीली=ललकवाली। अरति०=अड़ती है, जम जाती है। गति लैन=(मस्ती से) चलना। बैन=वेणु, बाँसुरी। चिताई=चैतन्य हुई, जगाई हुई। चाहिबे की=देखने की। छैलताई=रंगीलापन। वे=स्मृति। बेसुधि= बेहोशी, विस्मृति।

५. निपट=अत्यन्त। कैसे=किस प्रकार। जताइयै=बतलाऊँ। दई=हे दैव। बेदन=वेदना, पीड़ा। बढ़वारि=बढ़ती, अधिकता। दुर इयै=छिपाऊँ। दुख०=दुख को ठीक-ठीक कहने के लिए यदि कहीं जीभ होती तो भी कोई बात थी (वेदना) के आधिक्य से जिह्वा अपना कर्म करने में असमर्थ है) कैं=यदि कहीं। ऐपै=इतने पर भी। भाग=भाग्य। काहि=किसे। धौं=न जाने।

६. न हारति=थकती नहीं। तारनि०=तारों को देखना। तारनि सों=पुतलियों से; आँखों से। इकतार=लगातार। ताकिबो न टारति=ताकना नहीं छोड़ती, ताकती ही रहती है। भावतो=भानेवाला, प्रिय आँसुनि=आँसू से अवसर खो देती है। आँसुओं के द्वारा अवसर ही जाता है, आँसुओं के प्रवाह के कारण देखने का अवसर ही नहीं मिलता। सोहन=सामने। जोहन-देखने की। आरति=(आर्ति), लालसा।

७. मिटाय०=पहचान मिटा दी, भूल गए। जक=रटन। निपट=अत्यन्त। सूल-सेलनि=वेदना की कसक, पीड़ा का अनुभव। क्यों हूँ=किसी प्रकार भी। न भुलाय=भूलती नहीं। धौं=तौ। कै=कि, या। प्रगट=प्रसिद्ध। काहू= किसी को। कलपायहै=तरसाएगा, कष्ट देगा। सु=सो, वह। कल=चैन, सुख।

८. हीन०=जल से हीन होने पर, जल से वियुक्त होकर। मीन०= मछली अधीन या विवश हो जाती है, व्याकुल होती है। कहा=क्या। कछु=थोड़ा भी। हीन........समानै=जल से वियुक्त होने पर विवश हुआ

मीन क्या मेरी व्याकुलता की समानता कर सकता है। नीर-सनेही=प्रिय जल को। लाय=लगाकर। निरास०=आशा का त्यागकर, भरोसा छोड़कर। कायर=डरपोक; प्रेम में उत्साह बनाए न रखने वाला (मीन)। जड़=अचेतन। मीत=मित्र, प्रिय। पानि=हाथ में। प्रमानै=प्रमाणित करता है॥ जड़.....प्रमानै=अपने प्रिय अचेतन जल के हाथ में पड़ने को प्रमाणित करता है, जड़ जल के वश में पड़ने से प्रेमी के प्रति उसकी उदासीनता के कारण तड़पता हुआ मर जाता है। जु=जो। जीव की जीवनि=प्राणों के लिए भी प्राण, अत्यन्त प्रिय या प्राणों को जिलाए रखने वाली। जान=सुजान, प्रिय। इस सवैये में कवि का लक्ष्य यह है कि मीन का प्रिय जड़ है और स्वत: मीन में विरह का कष्ट सहन करने का साहस नहीं है, इसलिए यदि मेरे प्रेम की तुलना उससे की जाय तो ठीक नहीं। मेरा प्रिय चेतन है और मैं साहस पूर्वक मर्मांतक क्लेश सह रहा हूँ। जड़ न सही चेतन तो प्रभावित किया जा सकता है, विरही के कष्ट का वह तो अनुभव कर ही सकता है, फिर भी ऐसा नहीं करता यही विलक्षणता है।

९. जिन=मत। मोहि=मोहित करके। कौं=के लिए। दृग=(मेरे) नेत्रों में। रूप=छवि, शोभा। दोही=दुहाई। फिरी दृग०=मेरे नेत्रों में आपके रूप की दुहाई फिरी हुई है, मेरे नेत्रों में आपका रूप छाया है। एक=केवल। बिसास=विश्वास। टेक=सहारा, आसरा। लनि=आशा से लगकर आशा लगाए हुए। रहे बसि=बसे हुए हैं। बटोही=पथिक, यात्री। घन आनंद= आनन्द के बादल; अत्यन्त आनन्दायक (प्रिय के लिए विशेषण, जीवन-मूल=जल के भण्डार; प्राण के तत्त्व।

१०. घनआनंद=आनन्द के बादल। लाय=लगाकर। लाय=आग। बलाय=बला, विपत्ति, कष्ट। बिसास=विश्वासघात। दशा=धोखा, कपट। दगी=(सकर्मक) दागी, जुलाई। कुबानि=कुटेव। न कहूँ०=कहीं लगतीं नहीं, आँखों को कुछ देखना सुहाता नहीं। घरी सु लगी=(कैसी) घड़ी लगी, कैसा समय आ पड़ा है। दौरि=दौड़कर, विचार करते-करते। ठिक ठौर=ठीक ठिकाना। मोह-मिठास=मोह की मिठास द्वारा। ठगी=ठगी हुई।

११. हित=प्रेम। चाह=उत्कंठा, लालसा। काहे कों=किस लिए। सुधासने=अर्थात् अत्यन्त मीठे। चैननि=आनंदपूर्वक। मैन=(मदन) काम।

निसैन=सीढ़ी। मैन०=काम की सीढ़ियों पर किस लिए आनंदपूर्वक चढ़ाया। काम क्यों उत्पन्न किया। सालति=कसकती, पीड़ा करती है। कढ़ै०=निकालने से नहीं निकलती। पाटी पढ़ाई=पाठ पढ़ाया। इसे पै=इतने पर। न जनियै=नहीं जान पड़ता। कौनें=किसने।

१२. हितं=प्रेम। निधान=आधार, पात्र। अनखि=रूठकर। अरसायहौ=(मिलने में)। आलस्य करोगे। आनि=आकर। याहि=इस प्रेमी को। कौ लौं=कब तक। रावरो आपका। मोह-आवरो=मोह से व्याकुल। रूप०=रूप पर पागल। बदन=मुँह। दरसायहौ=दिखाओगे। नसाय=नष्ट करके, दूर करके। दया बसाय=(हृदय में) दया बसाकर, दया करके।

१३. छबि पीवत=शोभा पीते हुए, रूप निरखते हुए। जीवत है=जीते थे। हित-पोष=(तब) प्रेम के पोष (पोषण)। तोष=छकने की तुष्टि, अघाने का सन्तोष। बिललात=(अब वे ही प्राण) व्याकुल होते हैं। दोष=कष्ट, क्लेश। साज=विधान। समाज=समूह। टरे=हट गए, दूर हो गए। हार= माला। हे=थे। अब आनि कै०=अब प्रिय के और मेरे बीच पहाड़ आकर पड़ गए हैं, प्रिय मुझसे बहुत दूर हो गया है।

१४. तेह०=रोष करके। नेह तोड़ना=प्रेम करना छोड़ देना। निरधार=निराधार, निरवलंब। धार मझार=धारा के बीच में (डूबते हुए को)। बोरियै=डुबाइए। गुन=गुण, विशेषता; रस्सी। बधि लै=बाँध लेकर, बाँधकर। मोह न०=प्यार का त्याग न कीजिए। रस=आनन्द; (अमृतवत्) मीठा पेय। प्याय=पिलाकर। बिसास=विश्वास। यों=इस प्रकार (आप विष घोल रहे हैं) बिसास मैं०=कहीं विश्वास में आपकी भाँति विष घोला जाता है? विश्वास का नाश किया जाता है? विष घोलना=नष्ट कर देना, असह्य बना देना।

१५. नयो नयो०=मिलाइए क्षणे क्षणे यन्नवतामुपैति तदैव रूप रमणीयताया'। अघानि=तृप्ति। आनि तिहारियै=आपकी शपथ है। हुतौ=था। सु=सो, वह। वारयौ=निछावर कर दिया। सोच=चिन्ता। सहारियै=सहारा दीजिए, अपने ऊपर लीजिए, सँभालिए। रोकी रहै न=मेरे रोकै नहीं रुकती। बावरी०=पगली रीझ के हाथों हार माननी पड़ती है, अपनी इसी रीझ के कारण ही तो विवश हूँ।

१६. आस ही०=आशारूपी आकाश में। अवधि०=अवधिरूपी डोर। चोप=चाव। कीनौ०=आपने तो यह गुड्डी का खेल सा कर रखा है।

निपट=अत्यन्त। ऐंचत न=खींचते नहीं। आप=अपनी ओर। लाड़िले=प्रिय। दुहेली=दु:ख की। हाथ०=हाथ से लगी रहने पर भी दूर रहती है (गुड्डी); आपके हाथ में पड़ा रहने पर भी आपसे दूर रहता है (जीव)। बिरह०=विरह रूपी वायु के झोंकों से अधीर होकर। नेह०= आँसू से भींगा रहने पर। तऊ=तो भी। गुड़ी लौं=गुड्डी की भाँति। इस कवित्त में 'चित्त या जी उड़ना' मुहावरे को लेकर रूपक बाँधा गया है। कई मुहावरे यहाँ से वहाँ तक फँसे पड़े हैं—गुण (डोर) बढ़ाना, चोप चढ़ाना, खेल करना, हाथ लगा होना, समीप (पास) न लहना (पाना)। इसी प्रकार कई स्पष्ट अलंकार भी उलझे हुए हैं—'हाथ....लहै'— विरोधाभास, 'नीर...रहै'—तीसरी विभावना। पूरे छन्द में उपमामिश्रित सावयब रूपक।

१७. घनआनंद=आनंद के बादल ('सुजान') का विशेषण। जीवन-मूल=जल धारण करने वाले (बादल); प्राणी के मूल (सुजान)। कौध= बिजली की चमक; (प्रिय की) झलक। न जानियै०=जाने कहाँ घिरे हुए हैं (बादल); न जाने किसके यहाँ बसे हुए हैं (प्रिय) ठग०=नेत्ररूपी चातक के प्राण। तपे=विरह से तपकर (नेत्र), प्यास से व्याकुल होकर (चातक) पावस=(प्रावृष) वर्मा। ध्यावस=स्थिरता, धैर्य, शान्ति। हो=था। सु क्यौं करि=उस वर्षा को ये अब किस प्रकार प्राप्त करें? बदरा=बादल। रितु=वर्षा। धिरि कै=छाकर। उधरी=खुली हुई। बिन पावस बरसैं=बिना वर्षा के इन नेत्र रूपी चातकों को शान्ति नहीं मिलती थी (आनंद घन सुजान' के दूर छाए रहने से), उस वर्षा का पाना कठिन हो गया है इसीलिए ये आँखें उनके मार्ग को देखती हुई खुली रहकर वर्षा किया करती हैं। बादल तो समय आने पर वर्षा में ही छाकर बरसते हैं (ये नित्य ही बरस रहे हैं) 'घिरि कै' और 'उघरी' में विरोधाभास और पूरे पद्य में शिलष्ट रूपक है।

१८. इस कवित्त में प्रेम की आग सामान्य आग से विलक्षण (अनोखी) बताई गई है। जेतो=जितना ही। घट=शरीर। सोधौं=खोजता हूँ। आहि=हैं। सो धौं=न जाने वह (कहाँ है)। को धौं=जब उसका पता नहीं चलता तो फिर (मेरे प्राणों को कौन जला रहा है? अटपटी= विलक्षण, विचित्र। गति०=इस आग के जलने की दशा। धूम०=यह आग धुआँ नहीं धारणा करती, इसमें धुआँ नहीं निकलता। सीरो=ठंडा।

गात=शरीर ज्यों ज्यों जलता है त्यों-त्यों (गरम होने के बदले उलटे) ठंडा पड़ा है। ढरै=गिरता है, टपकता है। वीर=हे सखी। हरै०='आह' करने से बुद्धि को भी यह हर लेती है, आह करने की भी इच्छा नहीं रह जाती। जतन०=इसकी ज्वाला में तो इसे बुझाने के सब यत्न भी बुझ गए हैं, कोई उपाय नहीं चलता। झर=ज्वाला। आगे=सामने अर्थात् बीच में। उमाह= उमंग। कबहूँ०=इसकी उमंग से भरी भभक कभी भी दबती नहीं, इसकी ज्वाला निरन्तर प्रचंड होती जाती है। पूरे छंद में व्यतिरेक अलंकार द्वारा प्रेम की आग को सामान्य आग से बढ़ी-चढ़ी कहा गया है। 'आनंदघन' को देखकर 'आग लगने' में विरोध है।

१९. आँखें०=यदि आँखें आप (प्रिय) को नहीं देखतीं तो फिर वे और देखती ही क्या हैं? आपको न देखकर इन आँखों को कोई दूसरा पदार्थ देखता नहीं रुचता। दुखहाइनि=दुखिया। जान=सुजान, प्रिय। रूप०= रूप के उजाले वाले, अत्यन्त रूपवान्। बिना मिलन०=बिना आपके मिलन के इन्हें किस गिनती में गिना जाय, आपके बिना ये आँखें किसी गिनती में नहीं, आँखें आँखें रह ही नहीं जातीं, उनका होना न होना एक सा है, आपके, देखने से ही आँखें आँखें कहलाने योग्य हैं। नीर-न्यारे=जल वियुक्त। अधीन=विवश। गति=दशा। मति=बुद्धि अर्थात् कार्य। पेखियै=दिखाई देती है। ढरारे=ढलने वाले, द्रवीभूत होने वाले, बरसने वाले। रस=प्रेम; जल। चूकनि=चूक में डालकर, भूलकर। न परेखियै= परीक्षा मत कीजिये। (अथवा चातक०=चातक बेचारे की भूलों का बुरा मत मानिए। परेखान=बुरा मानना)]।

२०. प्रिय के यहाँ से कोई पत्र लेकर आया है; उसी से प्रेमिका कह रही है। जहाँ तें०=प्रिय जहाँ-जहाँ से गए वहाँ-वहाँ मेरे नेत्रों पर पैर रखकर ही गए। मेरे नेत्र निरन्तर उनका जाना एक टक देखते रहे। बारे= निछावर हुए। पैंड=डग, कदम। बारे ये०=मानो ये बेचारे मेरे प्राण कदम कदम निछावर हो गए; उनकी चाल पर ये लोटपोट होते रहे। आतुर०= हड़बड़ी मत करो। नेकु०=थोड़ा फेंट छोड़कर आराम से बैठिए तो। विसासी विश्वासघाती। ब्योरौ=हाल चाल। मोहिं०=मुझे तो उस विश्वास-घाती का बहुत सा हाल पूछना है। हाय०=उस निष्ठुर को मेरा स्मरण आया तो कैसे। दीन०=मुझे विरह से दुखी समझकर कहो। झूठ की०= वह तो झूठ और सचाई से छका (भरा पूरा) है, यदि उसमें किसी बात

की सचाई है तो झूठ की ही। त्यों=इसी प्रकार। हित०=प्रेम के कच्चेपन से पका हुआ यदि किसी बात में पक्का है तो प्रेम की कचाई में ही। गुन=(विपलक्षणा से) अवगुण। 'झूठ....पाक्यौ' में विरोधाभास है।

२१. रस=प्रेम; जल। कौन हित=यह कैसा प्रेम है? [अथवा लिए] पपीहा०=नेत्ररूपी चातक। बरसना=जल बरसना; प्रेम करना।

२२. हरि=हे ईश्वर। अनपहचान=अपरिचित। पुकार०=मौन पुकार है! कृपा कान०=जैसे नेत्रों में कृपारूपी कान लगे हैं। त्यों पुकार ज्यों=जिस प्रकार आपके नेत्रों के बीच कृपारूपी कान छिपे पड़े हैं, आपके कर ही सुन लेते हैं, समझ लेते हैं, कृपा करते हैं उसी प्रकार मेरे मौन में पुकार छिपी हुई है। मेरी मौन चेष्टा में व्यक्त होने वाली पुकार को आपके कृपा के कान सुन लेते हैं, जो आपके नेत्रों में ही लगे हैं। आप मेरी (मौन पुकार) नेत्रों से देखकर भी समझ लेते और कृपा करते हैं। 'त्यों....ज्यों में विरोधाभास है।

२३. किसी अत्यन्त निर्दय के हृदय में भी दया उत्पन्न हो सकती है यदि उसका कोई, किससे वह उदास है, उसकी आँखों के सामने ही डूब मरने का उपक्रम करे। आसा-गुन=आशारूपी रस्सी। आस०=आशा की रस्सी में अपने को बाँधकर, आशा लगाए रहकर। सिल=पत्थर। भरोसो०= भरोसा रूपी पत्थर छाती पर रखकर (हृदय कठोर करके), उसका भरोसा किए रहकर। पूरे=पूर्ण। पन-सिंधु=प्रेम की प्रतिज्ञा के समुद्र में। न सका-यहौं= 'शंकित न होऊँगी, डरूँगी नहीं। दु:खबब=दु:ख की दावाग्नि से। उदेग=उद्वेग, व्याकुलता। अन्तर०=भीतर होने वाले उद्वेग की आँच में। रोम-रोम=रोआँ रोआँ, सारा शरीर। त्रासनि=पीड़ाओं से। निरन्तर=लगातार तपायहौं=तपाऊँगी।भाँति=प्रकार।जानि=जानकर, जानते-बूझते हुए। साहस सहारि=साहसपूर्वक सँभलकर। सिर०=पर आरे की भाँति) उन दशाओं को) चलाऊँगी। उन दुस्सह दशाओं को अत्यन्त कष्ट होते हुए भी सहूँगी। ऐसे=इस प्रकार (से)। इस कवित्त में प्रेमी बताना चाहता है कि प्रेम में शारीरिक अथवा मानसिक यंत्रणा का भय बिलकुल नहीं रहता।

दोहा

जानराय, जानत सबै, अंतरगत की बात।
क्यों अजान लौं करत फिरि, मो घायल पर घात॥ २६॥

सवैया

लै ही रहे हो सदा मन और को दैबौ न जानत जान दुलारे।
देख्यौं न है सपने हूँ कहूँ दुख, त्यागे सकोच और सोच सुखारे।

२४. अंतर०=हृदय के भीतर की तपन से। उसास०=उछ्वास (तक) अत्यन्त तप उठती है। उसीजै=उबाल जाता है। उदेग०=उद्वेग (व्याकुलता) की औंस (भाप) से। ज्यौं=जी, जीव। कहलाय=(गरमी से) व्याकुल होता है, शिथिल पड़ जाता है। मसोसनि=मसोसने की उमस से। क्यौं हूँ=किसी प्रकार भी। कहूँ=कहीं भी। सु=सो, वह। ध्यावस=स्थिरता, शान्ति। धरै०=स्थिरता नहीं धारण करता, स्थिर या शान्त नहीं होता। नैन०=नेत्र भी आँसू की धारा बरसते हैं। जीवनिमूरति=जीवन का दान देने वाली मूर्ति जान=सुजान; प्रिय। आनन=मुख (चन्द्रवत्)। सदाई=सदा, सब तिथियों में निरन्तर। अमावस=अमावस्या, घोर अंधकार।

२५. रूप=सौन्दर्य; रूपा, द्रव्य। नैननि०=नेत्ररूपी दलालों ने। अधबीच ही=पूरा सौदा पटने के पहले ही। नीकैं=भली भाँति। इन काज=इन नेत्रों के कारण, इनके पीछे। कनौंड़ी=बदनाम। तट ही=किनारे पर ही। औंडी=गहरी। बिसासी=विश्वासघाती। डौंडी=डुग्गी। हाय दई०=मेरे प्रेम करने की डुग्गी तो सारे संसार में पिट रही है, पर वह विश्वासघाती प्रिय फिर भी कुछ नहीं सुनता।

*पाठान्तर=नैन उघारि दिये।